Participación y teoría democrática

Carole Pateman

Participación y teoría democrática

Traducción Luisa Fernanda Lassaque
y Julieta Lenarduzzi

prometeo libros

Pateman, Carole
Participación y teoría democrática. - 1a ed. - Ciudad Autónoma de Buenos Aires : Prometeo Libros, 2014.
192 p. ; 21x15 cm.

Traducido por: Luisa Fernanda Lassaque y Julieta Lenarduzzi
ISBN 978-987-574-669-5

1. Filosofía Política. I. Lassaque, Luisa Fernanda, trad. II. Lenarduzzi, Julieta, trad. III. Título
CDD 320.01

Traducción: Luisa Fernanda Lassaque y Julieta Lenarduzzi

Cuidado de la edición: Magalí C. Alvarez Howlin
Corrección: Gervasio Espinosa
Armado: José Espinosa
Diseño de tapa: Eríca Anabela Medina

Pringles 521 (C1183AEI), Ciudad Autónoma de Buenos Aires
República Argentina
Tel.: (54-11) 4862-6794 / Fax: (54-11) 4864-3297
e-mail: distribuidora@prometeolibros.com
www.prometeoeditorial.com

ÍNDICE

Nota preliminar

Por Enrique Peruzzotti

El lector se encuentra frente a un clásico de la teoría democrática. Como todo clásico, es un texto que no ha perdido su vigencia. Aun hoy, a más de cuatro décadas de su publicación, se mantiene como un referente ineludible de lo que se ha denominado como el modelo de "democracia participativa". ¿Qué es lo que le confiere a este libro tan importante estatus? ¿Por qué leer hoy Participación y teoría democrática?

En primer lugar, porque el modelo minimalista contra el cual argumenta Pateman sigue ejerciendo una influencia significativa en los medios académicos contemporáneos (Przeworski, 1999; Przeworski, Stokes, Manin, 1999). En Participación y teoría democrática, Carole Pateman critica los presupuestos del paradigma minimalista de democracia popularizado por Joseph Schumpeter en la década de 1940, el cual reducía la democracia a un método de selección de las élites gobernantes. Lo que diferencia las democracias de las dictaduras, argumentaba Schumpeter, es la existencia de un método competitivo de selección de las élites gobernantes. Las elecciones, sin embargo, no eran concebidas como un mecanismo de realización del principio de la voluntad popular: "La democracia representativa instaura no el gobierno del pueblo sino de los políticos" (Schumpeter, 1983). Es más, la participación ciudadana era concebida como una potencial amenaza a la estabilidad de dicho sistema (Almond y Verba 1963). Pateman denuncia dicha concepción como antidemocrática: es aceptable como teoría del gobierno representativo, pero no de una democracia representativa. Lo que va a determinar que las instituciones representativas se organicen alrededor de una lógica democrática es la presencia de una sociedad participativa. La participación es el antídoto que propone Pateman contra las tendencias hacia el encapsulamiento elitista del sistema político. Sus críticas a dicho modelo siguen estando vigentes. De hecho, su crítica a una concepción de la representación democrática predicada en el divorcio entre ciudadanía e institucionalidad representativa resuena en gran parte de los debates contemporáneos sobre representación democrática (Plotke, 1997; Peruzzotti, 2008; Urbinati, 2006).

En segundo lugar, porque las oleadas democratizantes que tuvieron lugar en las décadas que siguieron a la publicación del libro, y que en la mayoría de los casos resultaron en la instauración de versiones minimalistas de democracia , hacen particularmente más acuciante el desafío que planteaba Pateman acerca de la necesidad de "democratizar las democracias" existentes. Muchas de las nuevas democracias rápidamente comprendieron que el logro del umbral establecido por el minimalismo democrático –la realización regular de elecciones libres y competitivas– no era sino la primera etapa de un proyecto de democratización mucho más ambicioso y de largo aliento. El cierre exitoso de la etapa de transiciones –lejos de cerrar la discusión sobre democratización– daba paso a una nueva etapa o "segunda transición" organizada alrededor de una agenda de mejoramiento de la calidad de las democracias existentes (O'Donnell, 1998: 160). Si el modelo minimalista, dada precisamente su simpleza y escasa ambición, había provisto un criterio útil a la hora de evaluar el fin de las transiciones, se mostraba inadecuado al momento de pensar una agenda política más demandante. Aquí es cuando perspectivas como la de Pateman adquieren renovada vigencia.

¿Qué es lo que proponía Pateman en Participación y teoría democrática? ¿En qué medida son sus argumentos relevantes para un proyecto contemporáneo de democratización de la democracia? Uno de los aspectos más salientes del libro, y que tiene particular resonancia con los problemas que se le plantean a muchas de las nuevas democracias, es el considerar que el elemento definitorio de la democracia no son las elecciones sino la presencia de una ciudadanía activa. Para Pateman, una teoría del gobierno representativo que no otorgue un papel central a la ciudadanía no merece ser calificada de democrática (Pateman, 1988: 20). La participación ciudadana es un insumo indispensable del gobierno representativo y no una amenaza a su estabilidad, como argumentan muchos de los autores adscriptos al modelo minimalista. La democracia, en esta visión, es mucho más que un régimen electoral: supone un proyecto político más amplio de reorganización social que excede los límites del sistema político. Es erróneo, argumenta Pateman, reducir la democracia a una forma de régimen político; la misma supone también el establecimiento de un tipo específico de sociedad:

> for a democratic polity to exist it is necessary a participatory society to exist, i.e., a society where all political systems have been democratised and socialisation through participation can take place in all areas. (Pateman, 1988: 43)

El proyecto democrático no se agota con la consolidación de un régimen electoral que asegure la libertad política de los electores; entraña también la expansión del principio igualitario a diversas esferas sociales. La democracia participativa es por tanto un llamado a politizar a la sociedad. La tarea que propone Pateman es precisamente la de introducir el principio de autoridad democrática a diversas esferas, como ser la familia, el sistema educativo y, principalmente, la industria. Dicho proyecto resultaría en la proliferación de subsistemas políticos orientados a regular democráticamente las relaciones de autoridad en una pluralidad de esferas sociales. La idea de democracia participativa está predicada en:

"the argument that industry and other spheres form political systems in their own right and that they should therefore be democratised" (Pateman, 1988: 83).

El caso que se analiza en detalle en el libro es el de la experiencia yugoslava de democracia industrial. Dicha experiencia no está presentada necesariamente como el paradigma a emular, sino más bien como prueba de la factibilidad del proyecto de democracia participativa en sistemas sociales con la escala y complejidad que tienen las sociedades contemporáneas. La democracia participativa es posible, sostiene Pateman; simplemente es cuestión de desarrollar la imaginación social y política. El potencial innovador de la participación, concluye, debería ocupar un papel central en la teoría democrática contemporánea.

¿En qué medida el concepto de participación se constituyó en un elemento central de la teoría democrática contemporánea? ¿Cuál fue la evolución de la teoría democrática en las décadas que siguieron a la publicación de Participación y teoría democrática? En una conferencia dictada como presidenta de la Asociación Norteamericana de Ciencia Política (APSA), Pateman retorna al concepto de democracia participativa a fin de evaluar su vigencia actual (Pateman, 2011). En su opinión, tal concepto ha sido eclipsado en décadas recientes por el de deliberación democrática. El modelo deliberativo, sin embargo, refiere a una visión más acotada que la propuesta por la idea de democracia participativa que Pateman promueve. La deliberación, argumenta, es una de las formas que puede adoptar la participación ciudadana, pero en sí está lejos de agotar las posibilidades que ofrece el ideal participativo: el concepto de participación ciudadana abarca una gran variedad de acciones e iniciativas ciudadanas, muchas de las cuales quedan fuera de la consideración de los teóricos de la democracia deliberativa.

Sin embargo, la principal crítica que Pateman hace al modelo de democracia deliberativa no tiene que ver con la visión acotada de la participación que lo informa, sino con el espíritu tecnocrático que anima muchos de los experimentos deliberativos. A diferencia del carácter propiamente político que asumió el proyecto de democracia participativa en los años sesenta y setenta, el modelo de democracia deliberativa, continúa, fue impulsado desde la teoría misma, dando lugar a una serie de debates abstractos acerca de la naturaleza de la deliberación democrática así como a un número acotado de experimentos de ingeniería institucional que buscaban crear foros donde un grupo reducido de ciudadanos –mini-públicos– pudiese desarrollar un debate informado sobre aspectos concretos de la agenda política. Los formatos más conocidos son los "jurados ciudadanos", creados a partir de los noventa en Estados Unidos y el Reino Unido, y las "asambleas ciudadanas", creadas en British Columbia, en Ontario y en Holanda en la década siguiente. El problema con estas instancias de mini-públicos, argumenta Pateman, es que tienen un muy limitado impacto en sus respectivas sociedades, ya sea porque son totalmente desconocidas por el gran público o porque dichas estructuras no están integradas a la institucionalidad representativa. La experiencia participativa se agota en las deliberaciones que transcurren al interior de estos espacios creados. En este sentido, dichas experiencias nunca logran modificar "los ciclos políticos regulares de la vida de una comunidad" y dejan incólumes las estructuras institucionales vigentes (Pateman, 2011: 10).

Distinto es, desde su punto de vista, el caso del presupuesto participativo en Brasil, particularmente la experiencia de Porto Alegre. Este representa un caso exitoso de innovación participativa que contribuye a una mayor democratización del sistema político local. Los estudios sobre la experiencia de Porto Alegre, argumenta Pateman, muestran una notable reducción del clientelismo y la corrupción así como una importante mejora en el acceso a bienes públicos por parte de los sectores más pobres del municipio. Sin embargo, la autora denuncia cómo los nuevos mecanismos participativos fueron rápidamente vaciados de contenido al ser incorporados y subordinados a la agenda de "modernización" de organismos internacionales, ONG y gobiernos (Pateman, 2011: 15). El grado de propagación alcanzado por dichos mecanismos fue inversamente proporcional a su impacto político: si bien fueron adoptados por numerosos países y localidades, las experiencias resultaron en el establecimiento de formas "inofensivas" de participación completamente funcionales a los imperativos del elitismo político y de la globalización económica (Pateman, 2011: 14). El artículo concluye con un llamado a recuperar el espíritu político que inspiró al ideal de democracia participativa a fin de crear una cultura y una voluntad política capaz de promover procesos participativos genuinamente democratizantes.

Es curioso que la revisión que Pateman hace sobre el estatus de la participación en la teoría democrática desde la publicación de Participación y teoría democrática omite completamente el fenómeno de la llamada "resurrección de la sociedad civil", dado que el mismo enmarcó las formas de autoentendimiento de los protagonistas de oleadas democratizantes que transformaron profundamente el escenario político de América Latina y Europa del Este (Cohen y Arato, 1992: 29-82). De hecho, el caso de innovación participativa que Pateman destaca en su revisión, el presupuesto participativo de Porto Alegre, fue, a diferencia de los ejemplos de mini-públicos citados o de otros formatos "inofensivos" de participación institucionalizada, un caso paradigmático de innovación institucional desde abajo, es decir, el resultado de demandas promovidas por una pluralidad de actores de la sociedad civil local unidos por un común reclamo de democratización urbana (Avritzer, 2009). Fue esa presencia la que promovió la introducción de dicho mecanismo participativo y la que evitó, una vez puesto en funcionamiento, su cooptación o vaciamiento por parte de las élites locales.

Con esto no quiero decir que el concepto de sociedad civil de por sí agota la cuestión de la participación democrática. Pateman está en lo correcto al afirmar que la idea de participación abarca un rango muy amplio de actividades, muchas de las cuales no están cubiertas por el paraguas conceptual de sociedad civil. Las instituciones participativas que analiza en su artículo son un buen ejemplo de instancias de participación que escapan a las formas clásicas de política de influencia que son el centro de atención de la literatura sobre sociedad civil. Una tarea aún pendiente es la de desarrollar una teoría comprensiva de la participación democrática que pueda dar cuenta de la diversidad de formas que esta presenta, así como del modo en que las mismas se articulan entre sí e interactúan con un sistema representativo que también está experimentando importantes transformaciones (Peruzzotti, 2008). Esta es probablemente el principal desafío que se le presenta a la actual generación de teóricos de la participación democrática. Quizá este libro no pueda proveer respuestas adecuadas a los dilemas conceptuales que se nos presentan hoy día a los proponentes de un modelo participativo de democracia, aunque sí encontraremos en él inspiración acerca del espíritu con el que se debe asumir la presente tarea.

Referencias

Avritzer, L. (2009). Participatory Institutions in Democratic Brazil. Washington DC y Baltimore: Woodrow Wilson Center/John Hopkins University Press.

Blondiaux, L. (2014). El nuevo espíritu de la democracia. Actualidad de la democracia participativa. Buenos Aires: Prometeo Libros.

Cohen, J. L. y Arato, A. (1992). Civil Society and Political Theory. Cambridge, Ma: The MIT Press.

Goodin, R. E. (2008). Innovating Democracy. Democratic Theory and Practice After the Deliberative Turn. Cambridge: Cambridge University Press.

O'Donnell, G. (1998). "Democracia Delegativa". En: Countrapuntos. Ensayos Escogidos sobre Autoritarismo y Democratización. Buenos Aires: Paidós.

Pateman, C. (1988). Participation and Democratic Theory. Cambridge: Cambridge University Press.

— (2011). "Participatory Democracy Revisited". En: Perspectives on Politics, 10:1.

Peruzzotti, E. (2008). "La democracia representativa como política mediada: repensando los vínculos entre participación y representación". En: Debates en Sociología 33.

Plotke, D. (1997). "Representation is Democracy". En: Constellations. An International Journal of Critical and Democratic Theory, 4:1.

Przeworski, A. (1999). "Minimalist Conception of Democracy: A Defense". En: Ian Shapiro y Casino Hacker-Cordon (eds.). Democracy's Value. Cambridge: Cambridge University Press.

Przeworski, A., Stokes, S. y Manin, B. (eds.) (1999). Democracy, Accountability, and Representation. Cambridge: Cambridge University Press.

Schumpeter, J. A. (1983). Capitalismo, Socialismo, y Democracia. Buenos Aires: Ediciones Orbis.

Urbinati, N. (2006). Representative Democracy. Principles and Genealogy. Chicago: Chicago University Press.

Warren, M. y Pearse, H. (eds.) (2008). Designing Deliberative Democracy: The British Columbia Citizen's Assembly. Cambridge: Cambridge University Press.

CAPÍTULO I
Las recientes teorías de la democracia y el "mito clásico"

Durante los últimos años de la década de 1960, la palabra "participación" se convirtió en parte del vocabulario político popular. Esta circunstancia tuvo lugar gracias al impulso de las demandas –sobre todo, de los estudiantes– de que se abrieran nuevos espacios de participación –en este caso, en la esfera de la educación superior– y del reclamo por parte de diversos grupos de que se aplicaran en la práctica los derechos de participación que, en teoría, les asistían. En Francia, la "participación" fue uno de los últimos eslóganes de De Gaulle; en Gran Bretaña, hemos visto que a dicha idea se le dio la bendición oficial en el Informe Skeffington sobre planificación; y en Estados Unidos, el plan contra la pobreza incluyó una disposición sobre la "máxima participación posible" de las partes involucradas. El uso generalizado de este término en los medios masivos de comunicación ha significado con frecuencia la casi desaparición de todo contenido preciso y significativo; diferentes personas emplean el término "participación" para referirse a una amplia variedad de situaciones diversas. La popularidad de este concepto brinda un buen motivo para dedicarle alguna atención; pero, más importante aún, la reciente proliferación de demandas de mayor participación plantea una cuestión central de la teoría política: el lugar de la "participación" en una teoría moderna y viable de la democracia.

Resulta bastante irónico que la idea de participación se haya tornado tan popular –en particular, entre los estudiantes– porque entre los teóricos y sociólogos políticos en la tan ampliamente aceptada teoría de la democracia –tanto que podría llamársela "doctrina ortodoxa"– el concepto de participación cumple un papel absolutamente mínimo. Y no sólo eso, sino que un rasgo prominente de las recientes teorías de la democracia es el énfasis depositado en los peligros inherentes a la participación política masiva. Estas características surgen de dos preocupaciones fundamentales de quienes han escrito recientemente sobre teoría democrática, sobre todo, en Estados Unidos. La primera es la convicción de que las teorías de los primeros autores sobre la democracia (los denominados "teóricos clásicos") –que sostienen con firmeza la idea de la máxima participación de todo el pueblo– necesitan una revisión drástica o, mejor aún, deben ser rechazadas de plano. La segunda tiene que ver con la estabilidad del sistema político y las condiciones necesarias para asegurar dicha estabilidad; esta preocupación reconoce sus orígenes en el contraste trazado entre la "democracia" y el "totalitarismo" como únicas dos alternativas políticas disponibles en el mundo moderno.

No es difícil ver cómo la teoría democrática reciente ha llegado a descansar sobre esta base; puede decirse, sin demasiada simplificación, que esto deriva de dos sucesos del siglo XX: uno intelectual –el desarrollo de la sociología política– y otro histórico –la aparición de los Estados totalitarios–.

A comienzos del siglo, la dimensión y complejidad de las sociedades industrializadas y el surgimiento de formas de organización burocrática llevaron a numerosos autores de textos políticos de tendencia empírica a plantear serias dudas sobre la posibilidad de alcanzar la democracia en los términos en que se la entendía usualmente. Mosca y Michels fueron dos de los autores más conocidos e influyentes en presentar tal tesis. El primero sostuvo que en toda sociedad debe gobernar una élite, y en sus últimos escritos combinó esta teoría con un argumento a favor de las instituciones representativas. Michels, con su famosa "ley de hierro de la oligarquía" –formulada sobre la base de una investigación sobre los partidos socialdemócratas alemanes, que en apariencia se consagraban a los principios democráticos dentro de sus propias filas–, pareció mostrar que nos encontrábamos ante una alternativa: o bien la organización (que en el siglo XX parecía indispensable), o bien la democracia, pero no ambas. Así, si bien la democracia como gobierno del pueblo por medio de la máxima participación de todas las personas podría seguir siendo un ideal, parecieron surgir serias dudas –planteadas en nombre de la ciencia social– en torno de la posibilidad de concretar dicho ideal.

Pero, hacia mediados del siglo, incluso el ideal mismo parecía puesto en cuestión; al menos, la "democracia" constituía todavía el ideal a alcanzar, pero era el énfasis en la participación lo que se había vuelto sospechoso, y junto con ello la formulación "clásica" de la teoría democrática. El colapso de la República de Weimar –con sus altas tasas de participación– a manos del fascismo y el establecimiento de regímenes totalitarios basados en la participación de las masas –si bien se trataba de una participación forzada por la intimidación y la coacción– forjaron la idea de que la "participación" se encuentra más relacionada con el concepto de "totalitarismo" que con el de "democracia". El fantasma del totalitarismo también ayuda a explicar la preocupación por las condiciones necesarias para que todo gobierno democrático goce de estabilidad; aquí, otro factor a tener en cuenta fue la inestabilidad de tantos Estados en el mundo de la posguerra, sobre todo los Estados ex coloniales que rara vez mantenían un sistema político democrático según los lineamientos occidentales.

Si estos antecedentes habían llevado a albergar grandes dudas sobre las teorías clásicas de la democracia, los hechos revelados por la expansión de la sociología política en la posguerra parecen haber convencido a los autores más recientes de que aquellas dudas estaban plenamente justificadas Los datos extraídos de investigaciones empíricas de gran escala respecto de las actitudes y las conductas políticas –emprendidas en la mayor parte de los países occidentales a lo largo de los últimos veinte o treinta años– han revelado que la característica más destacada de la mayor parte de los ciudadanos –sobre todo, los de bajo nivel socioeconómico– es una falta general de interés en la política y en la actividad política, y no sólo eso: también se revela que en estos mismos sectores existen actitudes antidemocráticas o autoritarias. La conclusión extraída –con frecuencia por parte de sociólogos políticos puestos en el papel de teóricos políticos– es que el retrato "clásico" del hombre democrático no es en absoluto realista y, más aún que, en vista de los datos sobre actitudes políticas, el aumento en la participación política por parte de quienes actualmente no participan podría perturbar la estabilidad del sistema democrático.

Hubo otro factor que coadyuvó al proceso de rechazo de las teorías democráticas clásicas; dicho factor fue el ahora conocido argumento de que estas teorías eran normativas y "moralistas", mientras que la teoría política moderna debía ser científica y empírica, firmemente arraigada en los datos de la vida política. Pero, aún así, podría plantearse la pregunta de si la revisión de la teoría democrática habría sido emprendida con tanto entusiasmo por parte de tantos autores de no ser porque la cuestión misma del contraste entre los hechos y actitudes de la vida política, por un lado, y su caracterización en las teorías clásicas, por otro, ya había sido tomada y respondida por Joseph Schumpeter. Su libro *Capitalismo, socialismo y democracia* (1943), de extraordinaria influencia, fue, en efecto, escrito antes de que estuvieran disponibles las vastas cantidades de información empírica con que hoy contamos; pero, de todas formas, Schumpeter consideró que los hechos demostraban que la teoría democrática "clásica" necesitaba revisión, motivo por el cual él mismo suministró tal teoría revisada. Sin embargo, más que eso, y más importante para las teorías que vendrían después, Schumpeter presentó una *definición* nueva y realista de la democracia. Comprender la teoría de Schumpeter es vital para apreciar los trabajos más recientes en materia de teoría democrática porque éstos últimos fueron elaborados dentro del marco establecido por Schumpeter y se basan en su definición de democracia.

El punto inicial del análisis de Schumpeter consiste en un ataque a la idea de que la teoría democrática es una teoría de medios y fines; la democracia que él afirma es una teoría disociada de todo ideal o fin en particular: "La democracia es un *método* político; es decir, un cierto tipo de acuerdo institucional para llegar a decisiones políticas, tanto sean legislativas como administrativas". Cuando uno expresaba "fidelidad absoluta" a la democracia, lo hacía porque esperaba que el método propiciara otros ideales; por ejemplo, el de la justicia (Schumpeter, 1943: 242).[1]

El procedimiento seguido por Schumpeter para formular su teoría de la democracia consistió en fijar un modelo de lo que él llamó la "doctrina clásica" de la democracia, examinar las deficiencias de este modelo y luego brindar una alternativa (este modelo y las críticas que Schumpeter efectúa al mismo se tratarán en párrafos posteriores). Schumpeter pensaba que "la mayoría de los estudiantes de política" estaría de acuerdo con las críticas que él había formulado y también concordaría con su teoría reexaminada de la democracia, que "es mucho más verídica, y, al mismo tiempo, rescata gran parte de lo que los defensores del método democrático realmente quieren decir con este término" (p. 269). Dado que la crítica principal de Schumpeter a la "doctrina clásica" consistió en que el papel central del pueblo en cuanto a participación y toma de decisiones descansaba sobre cimientos empíricamente poco realistas, en su teoría reexaminada la característica esencial es la competencia por el

---

[1] (Las itálicas corresponden a Schumpeter). Para convencer a sus lectores de la validez de este argumento, Schumpeter propuso un "experimento mental". Imaginemos un país que democráticamente persiga a los judíos, las brujas y los cristianos; no deberíamos aprobar dichas prácticas porque hayan sido decididas según el método democrático; por lo tanto, la democracia no puede ser un fin. Pero, como señala Bachrach (1967: 18-20), tal persecución sistemática entraría en conflicto con las reglas de procedimiento necesarias si el método político del país ha de ser llamado "democrático" . Tampoco aclara Schumpeter exactamente por qué deberíamos esperar que *este* método político llevara, por ejemplo, a la justicia.

voto popular entre quienes potencialmente podrían tomar decisiones. Así, brindó la siguiente como definición moderna y realista del método democrático: "Aquel acuerdo institucional para llegar a las decisiones políticas en el cual los individuos adquieren el poder de decidir por medio de una lucha competitiva por el voto popular" (p. 269). Sobre la base de esta definición, es la competencia por el liderazgo lo que constituye la característica distintiva de la democracia, y la que nos permite distinguir la forma democrática de otros métodos políticos. A través de este método, todas las personas son, en principio, libres de competir por el liderazgo en elecciones libres, para lo que se hacen necesarias las libertades civiles.[2] Schumpeter comparó la competencia política por los votos con la forma de operar del mercado –económico–: los votantes, al igual que los consumidores, eligen entre las distintas políticas –los distintos productos– ofrecidos por los diversos emprendedores políticos, y los partidos regulan la competencia como las asociaciones comerciales lo hacen en la esfera económica.

Schumpeter prestó cierta atención a las condiciones necesarias para que funcione el método democrático. Además de las libertades civiles, se requiere la existencia de tolerancia, respecto de las opiniones de los demás y un "carácter nacional y hábitos nacionales de un cierto tipo"; pero no puede confiarse en que el funcionamiento del método democrático los genere. Otro requisito era que "todos los intereses relevantes" fueran prácticamente unánimes en su fidelidad a los "principios estructurales de la sociedad existente" (pp. 295-6). Sin embargo, Schumpeter no consideró que el sufragio universal fuera necesario; pensaba que la calificación según propiedad, pertenencia a un grupo étnico o adscripción a una religión eran perfectamente compatibles con el método democrático (pp. 244-245).[3]

---

[2] Pese a la libertad de principios, Schumpeter pensaba que, en realidad, era necesario contar con una clase política o dirigente que suministrara candidatos para la dirigencia (p. 291).

[3] (pp. 244-5). En este punto, las teorías más recientes no lo siguen.

Los únicos medios de participación abiertos al ciudadano según la teoría de Schumpeter son el voto por los líderes y la discusión. Descarta toda actividad usualmente aceptable –como "bombardear" a los representantes con cartas– por considerarla en contra del espíritu del método democrático, puesto que, según sostiene, se trata de un intento por parte de los ciudadanos de controlar a sus representantes, y tal cosa es una negación del concepto de liderazgo. El electorado no controla "regularmente" a sus líderes, salvo al reemplazarlos en las elecciones con líderes alternativos; entonces, "parece correcto limitar nuestras ideas sobre este control de la forma indicada por nuestra definición" (p. 272). Según la teoría de la democracia formulada por Schumpeter, la participación no tiene un papel especial ni central. Lo único que se implica es que participan suficientes ciudadanos como para que la maquinaria electoral –los acuerdos institucionales– funcione de forma satisfactoria. La teoría pone el foco en la minoría formada por los líderes. Dice Schumpeter: "La masa electoral es incapaz de actuar, salvo para salir disparada en estampida" (p. 283); por lo tanto, son los líderes los que deben ser activos, tomar la iniciativa y decidir, y es la competencia que se suscita entre los líderes para obtener más votos lo que constituye el elemento democrático característico de este método político.

No hay duda sobre la importancia que tuvo la teoría de Schumpeter en teorías posteriores sobre la democracia. Su noción de "teoría clásica", su caracterización del "método democrático" y el papel de la participación en dicho método se han convertido en postulados aceptados casi universalmente en escritos recientes sobre teoría democrática. Uno de los pocos lugares donde los teóricos actuales disienten levemente de Schumpeter es sobre la cuestión de si es necesario para la democracia un "carácter democrático" básico, y si la existencia de dicho carácter depende del funcionamiento del método democrático. Ahora, consideraremos cuatro ejemplos bien conocidos del trabajo reciente sobre teoría democrática: los de Berelson, Dahl, Sartori y Eckstein. Hay mayor énfasis en la estabilidad del sistema político en estos trabajos que en la obra de Schumpeter; pero la teoría de la democracia común a todos ellos se desprende de manera directa del ataque emprendido por Schumpeter a la teoría "clásica" de la democracia.

En el capítulo 14 de *Voting* (1954), llamado "Teoría democrática y práctica democrática", la orientación teórica de Berelson, de tipo funcionalista, difiere en gran medida de la de Schumpeter, pero tiene el mismo objetivo.[4] Berelson examina las consecuencias para la teoría democrática "clásica" de una "confrontación" con la evidencia empírica que se encuentra en los capítulos anteriores del libro. A los efectos de esta confrontación, adopta la estrategia de Schumpeter de presentar un modelo de la "teoría clásica" –o, para ser más precisos, un modelo de las cualidades y actitudes que, según se afirma, esta teoría requiere de parte de cada uno de los ciudadanos– y este procedimiento revela que "la conducta del 'ciudadano común' no cumple con ciertos requisitos habitualmente dados por sentados para el correcto funcionamiento de la democracia" (Berelson, 1954: 307).[5] Por ejemplo, "se espera del ciudadano democrático que se interese por los asuntos políticos y participe en ellos", pero "en Elmira, la mayoría del pueblo vota, sin por ello dar muestras de un interés sostenido" (p. 307). No obstante, pese a esta circunstancia y a todas las demás deficiencias en la práctica democrática, las democracias occidentales han sobrevivido; por lo tanto, nos encontramos ante una paradoja:

> Hoy en día, *el votante individual* parece incapaz de satisfacer los requisitos necesarios para que exista un sistema democrático de gobierno según la descripción de los teóricos políticos. Pero el *sistema democrático* reúne,

---

[4] Véase también Berelson (1952). Encuéntrense críticas sobre los aspectos funcionalistas de la teoría de Berelson en Duncan y Lukes (1963).

[5] Berelson, en común con casi todos los demás autores que hablan de teoría "clásica" democrática, no dice de *cuáles* autores toma su modelo. En un artículo anterior dice del conjunto de actitudes enunciadas por él que "si bien no se requiere que todas ellas estén presentes en una u otra teoría política de la democracia, todas ellas están mencionadas en una u otra teoría" (1952: 314). Pero, insisto, no da nombres.

> en efecto, ciertos requisitos para que exista una organización política activa. Puede que cada uno de los miembros no cumpla con todos los criterios, pero, de todas formas, el conjunto sobrevive y crece. (p. 312; las itálicas pertenecen a Berelson)

La enunciación de esta paradoja nos permite ver, según Berelson, el error cometido por los escritores "clásicos" y notar por qué su teoría no nos brinda un panorama preciso del funcionamiento de los sistemas políticos democráticos existentes. La teoría "clásica", afirma Berelson, se concentró en el ciudadano individual y prácticamente hizo caso omiso del sistema político como tal; y cuando sí se ocupó de este sistema, tomó en consideración las instituciones específicas y no las "características generales necesarias para que las instituciones funcionen como se requiere que lo hagan". Berelson enumera las siguientes condiciones necesarias "para que sobreviva la democracia política": "debe limitarse la intensidad del conflicto; debe moderarse el ritmo del cambio; debe mantenerse la estabilidad social y económica; y debe existir una organización social pluralista y un consenso básico" (1954:312).[6]

Según Berelson, los teóricos clásicos también dieron por sentado que en toda democracia se necesita una ciudadanía políticamente homogénea –en cuanto a actitudes y conducta–. En realidad, lo que se requiere –y felizmente, lo que se encuentra– es heterogeneidad. Esta heterogeneidad es necesaria porque esperamos de nuestro sistema político que lleve a cabo "funciones contradictorias", pero, pese a ello, el sistema funciona; y funciona debido a la forma en que se distribuyen en el electorado los atributos y las actitudes; esta distribución permite que se resuelvan las contradicciones mientras se mantiene la estabilidad del sistema. Así, el

[6] No queda clara la vinculación específica entre estas condiciones y la democracia; parecería que las primeras tres constituyen requisitos, casi tautológicos, de la continuidad de *cualquier* sistema político. Berelson agrega que va a proseguir explorando "los valores" del sistema político. En realidad, lo que hace es echar una mirada a los "requisitos del sistema"; véase el título de esa sección en la página 313.

sistema es, a la vez, estable y flexible, por ejemplo, porque las tradiciones políticas de las familias y de los grupos étnicos y el carácter perdurable de las lealtades políticas contribuyen a la estabilidad, mientras que "los votantes que resultan menos admirables cuando se los mide respecto de los requisitos individuales aportan más cuando son medidos respecto del requisito de flexibilidad en términos agregados [...]; pueden ser los votantes menos partisanos y menos interesados, pero llevan a cabo una función valiosa para todo el sistema (1954:316).[7]

En pocas palabras, la participación limitada y la apatía tienen una función positiva para la totalidad del sistema porque amortiguan el impacto del desacuerdo y el cambio.

Berelson concluye sosteniendo que su teoría no sólo es realista y precisa en términos descriptivos, sino que también incluye los valores que la teoría "clásica" adjudica a los individuos. Afirma que la distribución existente de actitudes entre los miembros del electorado "puede cumplir las funciones e incorporar los mismos valores adjudicados por algunos teóricos a cada individuo integrante del sistema, así como a las instituciones políticas que lo constituyen" (!). Siendo así, no deberíamos, por lo tanto, rechazar el contenido normativo de la vieja teoría –el conjunto de actitudes requeridas de cada uno de los ciudadanos–, pero este contenido debería reexaminarse para que se ajuste a la realidad presente (1954:322-323).[8]

La teoría de Berelson nos brinda un claro testimonio de algunos de los principales argumentos que aparecen en los trabajos recientes en

---

[7] Es difícil ver por qué dice que las funciones que cita son "contradictorias". Ciertamente, es posible que sea empíricamente difícil reunirlas al mismo tiempo, pero es posible –y no es ilógico exigirlo– con estabilidad y flexibilidad o contar con votantes que expresen alternativas libres y autodeterminadas y que, al mismo tiempo, hagan uso de la mejor información y orientación que los líderes puedan brindarles (véanse las páginas 313-314).

[8] (1954, pp. 322-323). El signo de exclamación está bien colocado en el pasaje citado, que orilla el absurdo.

materia de teoría democrática; por ejemplo, el argumento de que toda teoría moderna de la democracia debe revestir una forma descriptiva y focalizarse en el sistema político actual. Desde este punto de vista, vemos que se requieren altos niveles de participación e interés sólo de una minoría de ciudadanos y, además, notamos que la apatía y el desinterés de la mayoría desempeñan un papel valioso en la tarea de mantener la estabilidad del sistema en su totalidad. Así, llegamos al argumento de que el nivel de participación existente es el que se requiere para que un sistema democrático sea estable.

Berelson no analiza explícitamente las características necesarias para que un sistema político sea rotulado como "democrático", dado que la máxima participación por parte de todos los ciudadanos no es una de ellas. Puede encontrarse una respuesta a esta pregunta en dos estudios de Dahl, *A preface to democratic theory* (1956a) y *Hierarchy, Democracy and Bargaining in Politics and Economics* (1956b); se trata de una respuesta que sigue de cerca la definición de Schumpeter.

Dahl no "confronta" teoría y hechos de la misma forma que lo hace Berelson; de hecho, parece no tener certezas sobre si existe o no algo así como una "teoría clásica de la democracia". Al comienzo de *A preface to democratic theory* advierte que "no existe la teoría democrática; existen solamente las teorías democráticas"(1956a: 1).[9] En un artículo anterior, sin embargo, había escrito que "la teoría clásica puede mostrarse inválida en algunos aspectos" (1956b: 86). Ciertamente, Dahl considera que las teorías que él critica en *A preface to democratic theory* (la madisoniana y la populista) son insuficientes para nuestros días, y afirma que su teoría de la democracia como poliarquía –el gobierno de múltiples minorías– se presenta como un reemplazo más adecuado de las anteriores en tanto teoría explicativa y moderna de la democracia.

---

[9] Pero también se refiere al menos una vez a la "teoría tradicional" (p. 131). Sin embargo, confróntese Dahl (1966), donde dice que jamás hubo una teoría clásica de la democracia.

Dahl ofrece una lista de características definitorias de lo que es una democracia; tales características, en concordancia con el argumento de Schumpeter de que la democracia es un método político, constituyen una lista de "acuerdos institucionales" que se centran en el proceso electoral (1956a: 84). Las elecciones son centrales para el método democrático porque brindan el mecanismo a través del cual tiene lugar el control de los líderes por parte de los ciudadanos; "la teoría democrática gira en torno de los procesos por los cuales los ciudadanos comunes ejercen un grado relativamente alto de control sobre los líderes" (p. 3). Dahl, al igual que Schumpeter, enfatiza que no se debe cargar sobre la noción de "control" más de lo que puede garantizarse en la práctica. Afirma que los escritos políticos contemporáneos hacen hincapié en que la relación democrática es solamente una de varias técnicas de control social que de hecho coexisten en los gobiernos democráticos modernos, y que esta diversidad debe ser tomada en cuenta en toda teoría moderna de la democracia (1956b: 83). Tampoco tiene sentido presentar una teoría que requiera una máxima participación de parte de la gente común para que se produzca el "control", cuando sabemos que la mayoría suele estar desinteresada y apática respecto de la política; pero Dahl plantea la hipótesis de que una proporción relativamente pequeña de individuos, en cualquier forma de organización social, aprovechará las oportunidades de tomar decisiones (1956b: 87).[10] Por lo tanto, el "control" depende del otro lado del proceso electoral, de la competencia entre líderes por el voto popular; el hecho de que cada individuo pueda cambiar su apoyo, haciéndolo pasar de un grupo de líderes a otro, asegura que los líderes sean "relativamente sensibles" al ciudadano común. Es esta competencia la que encarna el elemento específicamente democrático del método, y el valor de todo sistema democrático –poliárquico– respecto de los demás métodos reside en el hecho de que posibilita una extensión de la cantidad, dimensiones y diversidad de las minorías que pueden hacer

---

[10] Véase también (1956a: 81, 138).

valer su influencia en las decisiones sobre políticas y sobre la totalidad del ethos político de la sociedad (1956a: pp. 133-134).

La teoría de la poliarquía puede también darnos "una teoría satisfactoria sobre la igualdad política" (1956a: 84). Una vez más, no debemos hacer caso omiso de las realidades políticas. Según señala Dahl, la igualdad política no debe definirse como igualdad de control político o igualdad de poder para los grupos de bajo nivel socioeconómico, ya que la mayoría está "triplemente excluida" de tal igualdad por su relativamente mayor inactividad, su limitado acceso a los recursos y –en Estados Unidos– por "el sistema de controles constitucionales armoniosamente orquestado por Madison" (1956a: 81). En toda teoría moderna de la democracia, la "igualdad política" se refiere a la existencia del sufragio universal (un hombre, un voto) con su sanción a través de la competencia electoral; y, más importante aun, se refiere a la igualdad de oportunidades de acceso a influir en quienes toman decisiones a través de procesos por los cuales los diferentes grupos del electorado hacen oír sus demandas más allá del momento electoral. Los funcionarios no sólo les prestan atención, sino que "prevén sufrir de alguna forma significativa si no aplacan al grupo, sus líderes o sus miembros más vociferantes" (p. 145).

Otro aspecto de la teoría de Dahl que resulta de particular interés es su exposición sobre los requisitos sociales para lograr un sistema poliárquico. Un requisito básico es el del consenso sobre las normas, al menos, entre los líderes (pueden formularse como normas las condiciones institucionales necesarias y suficientes para que se configure una poliarquía –1956a, páginas 75-6–). Este consenso depende del "entrenamiento social", que a su vez, depende del grado de acuerdo que haya sobre las normas y las políticas, de tal suerte que un aumento o disminución de un elemento afectará a los otros (p. 77). El entrenamiento social tiene lugar en el ámbito de la familia, en las escuelas, en las iglesias, a través de los periódicos, etcétera; pero además Dahl distingue tres tipos de entrenamiento: el de reforzamiento, el neutral y el negativo. Afirma que "es razonable suponer que estos tres tipos de entrenamiento operan sobre los miembros de la mayoría de las organizaciones poliárquicas –o sobre todas ellas–, y tal vez también sobre los miembros de muchas organizaciones jerárquicas" (1956a:76). Dahl no dice en qué consiste el entrenamiento ni brinda sugerencias respecto de qué tipo de entrenamiento probablemente se generará a través de cuál sistema de control, pero sí nos dice que su eficacia dependerá de las "más profundas predisposiciones del individuo" (p. 82). Presuntamente, un entrenamiento social "eficaz" será aquél que desarrolle actitudes individuales en apoyo de las normas democráticas; por otro lado, Dahl sostiene que no se requiere ningún "carácter democrático", cosa que sí sugirieron teóricos anteriores, porque exigir tal cosa no es realista frente al "flagrante hecho" de que los individuos son miembros de distintos tipos de sistemas de control social. Lo que se requiere son personalidades que puedan adaptarse a diferentes tipos de roles en diferentes sistemas de control (1956b: 89), pero Dahl no brinda indicación alguna sobre de qué manera el entrenamiento orientado a producir este tipo de personalidad coadyuva a la formación de un consenso sobre las normas *democráticas*.

Finalmente, Dahl plantea un argumento sobre los posibles peligros inherentes a un aumento en la participación por parte del hombre común. La actividad política es un prerrequisito de la poliarquía, pero la relación es extremadamente compleja. Los grupos de nivel socioeconómico más bajo son los menos activos políticamente, y también es dentro de estos grupos que se encuentran con mayor frecuencia las personalidades "autoritarias". Así, cuando el aumento de la actividad política pone a estos grupos en el escenario político, podría declinar el consenso sobre las normas y, en consecuencia, declinaría la poliarquía. Por lo tanto, un aumento en la participación podría ser peligroso para la estabilidad del sistema democrático (1956a, cap. 3, apéndice E).

El tercer teórico de la democracia cuya obra se analizará es un autor europeo, Sartori. Su libro *Teoría de la democracia* (1962) contiene lo que probablemente sea la versión más extrema de la revisión de las teorías clásicas de la democracia. Básicamente, su teoría es una extensión de la de Dahl –que concebía la democracia como poliarquía–, por lo cual no se repetirán aquí los detalles de su argumentación; pero Sartori hace hincapié en que en una democracia no son sólo las minorías las que rigen, sino las élites –en situación de competencia–. Una característica notable de esta teoría es el énfasis que pone Sartori en los peligros de la inestabilidad y sus opiniones conexas sobre la relación adecuada entre teoría democrática –el ideal– y práctica democrática. Según Sartori, ha aparecido una brecha por completo insalvable entre la teoría "clásica" y la realidad: "la típica ingratitud del ser humano de nuestro tiempo y su desilusión con la democracia son la reacción a una meta imposible de alcanzar" (p. 54). Sin embargo, debemos tener cuidado de no malinterpretar el rol correspondiente a la teoría democrática, incluso si éste ha sido reexaminado. Cuando se ha establecido un sistema democrático –como en los países occidentales en la actualidad–, es preciso *minimizar* el ideal democrático. Este ideal consiste en un principio nivelador que, lejos de suministrar una respuesta, agrava el problema de las democracias para "retener la verticalidad"; es decir, la estructura de autoridad y liderazgo; maximizado como "demanda absoluta", el (reexaminado) ideal democrático llevaría a la "quiebra" del sistema (pp. 65 y 96). Hoy en día, la democracia no tiene que ponerse en guardia –como en el pasado– contra la aristocracia, sino contra la mediocridad y el peligro de que pueda destruir a sus propios líderes y reemplazarlos por élites antidemocráticas (p. 119).

El miedo de que la participación activa del pueblo en el proceso político lleve sin escalas al totalitarismo impregna los argumentos de Sartori. Según afirma, el pueblo debe "reaccionar", no "actuar"; es decir, debe reaccionar a las iniciativas y a las políticas de las élites en competencia (p. 77). Por fortuna, esto es lo que el ciudadano promedio hace en la práctica; por otra parte, un punto de gran interés en la teoría de Sartori es que él es uno de los pocos teóricos de la democracia que plantean la pregunta de cómo explicamos la inactividad del ciudadano promedio. Su respuesta es que no es necesario explicar tal inactividad. Los hechos han demostrado que los argumentos de que la apatía podría deberse al analfabetismo, a la pobreza o a información insuficiente son falsos, de la misma forma que lo fue la sugerencia de que tal apatía podría deberse a la falta de práctica en materia democrática: "hemos aprendido que no es votando que aprende uno a votar". Sartori sostiene que intentar encontrar una respuesta a esa pregunta es un afán equivocado porque sólo podemos entender –y seguir con interés– los problemas sobre los cuales tenemos experiencia personal, o las ideas que podemos formularnos para nosotros mismos; pero nada de ello es posible para el individuo promedio en lo que se refiere a la política. Además, debemos aceptar los hechos como son porque intentar cambiarlos pondría en peligro el mantenimiento del método democrático; la única forma en la cual podríamos tratar de modificar los hechos sería, o bien coaccionando a los apáticos, o bien penalizando a la minoría activa, y ninguno de dichos métodos es aceptable. Sartori extrae como conclusión que la apatía de la mayoría no es culpa de "nadie" en particular, y que es hora de que dejemos de buscar chivos expiatorios (pp. 87-90).

Las teorías de la democracia consideradas hasta ahora se dedicaron a ilustrarnos qué tipo de teoría es necesaria para explicar de forma suficiente y adecuada las conductas y actitudes políticas y, al mismo tiempo, no hacer peligrar los sistemas democráticos existentes dando lugar a expectativas poco realistas y potencialmente perturbadoras. Eckstein, en su obra *A Theory of Stable Democracy* (1966), se concentra –como lo sugiere el título– en las condiciones necesarias para que un sistema democrático se mantenga estable en el tiempo.

La definición de "democracia" utilizada por Eckstein es bien conocida: postula la existencia de un sistema político en el cual las elecciones deciden el resultado de la competencia por las políticas y el poder (Eckstein, 1996: 228);[11] pero para que este sistema sea estable el gobierno

---

[11] Eckstein no considera explícitamente su teoría en relación con la teoría "clásica", pero una aclaración, al menos, sí indica que él considera que las teorías anteriores son insuficientes. Afirma que hoy en día necesitamos un abordaje más pesimista de los gobiernos demo-

debe adoptar una forma específica. La "estabilidad" del sistema no se refiere sólo a la longevidad –ese factor podría darse por "accidente"–, sino también a la supervivencia debida a la capacidad de adaptación al cambio, a la concreción de aspiraciones políticas y al mantenimiento de fidelidades; y además implica que la toma de decisiones en materia de política es efectiva en el "sentido mismo y básico de acción –cualquier tipo de acción– en procura de objetivos compartidos en adecuación a condiciones cambiantes" (p. 228).

Eckstein señala que el aspecto de las relaciones sociales que se vincula más directamente con el comportamiento político ha sido descuidado en la literatura; es decir:

> los patrones de autoridad en las relaciones sociales no gubernamentales, en las familias, en las escuelas, en las organizaciones económicas y otros nucleamientos similares [...]; parece razonable que si algún aspecto de la vida social puede afectar en forma directa al gobierno, es aquel de las experiencias con la autoridad que los hombres tienen en otras esferas de la vida, sobre todo las que moldean sus personalidades y aquellas a las cuales normalmente dedican la mayor parte de sus vidas (p. 225).

La primera proposición de esta teoría, que se aplica a cualquier método de gobierno, afirma que "todo gobierno tenderá a ser estable si su patrón de autoridad es congruente con los demás patrones de autoridad de la sociedad de la cual es parte" (p. 234). Eckstein considera que, en este contexto, "congruente" puede tener dos sentidos, que llamaremos "fuerte" y "débil". El sentido fuerte es el de "idéntico", sinónimo, en términos del autor, de "muy parecido" (p. 234). No es este el sentido aplicable a una democracia porque tal situación de congruencia de estructuras de autoridad no sería posible, o, como mínimo, produciría "las más serias consecuencias disfuncionales". Ciertas estructuras de autoridad simple-

---

cráticos; no un abordaje basado en el supuesto de que los seres humanos son demócratas naturales, sino uno que se concentre en la combinación "calamitosamente improbable" de condiciones necesarias (pp. 285-6).

mente no pueden democratizarse; por ejemplo, aquellas en las cuales tiene lugar la socialización de los jóvenes (la familia, la escuela), porque, si bien podríamos "fingir" que son estructuras democráticas, una ficción tan realista generaría "seres humanos retorcidos y débiles". De manera similar, en las organizaciones económicas podría "imitarse" o "simularse" la democracia, pero incluso esta, llevada demasiado lejos, conduciría a "consecuencias no deseadas", y más aun, "ciertamente sabemos que la organización económica capitalista y hasta ciertos tipos de titularidad pública [...] conspiran contra la democratización de las relaciones económicas". Así, son justamente aquellas esferas señaladas por Eckstein como las más importantes para la conducta política las que necesariamente deben ser no democráticas (pp. 237-238). El sentido débil del término "congruente" es el de "parecido moderado", sentido que plantea "requisitos estrictos, pero no imposibles de cumplir". Este sentido no queda enteramente claro, pero Eckstein sostiene que algunos "segmentos" de la sociedad están más cerca del gobierno que otros, bien sea en el sentido de ser "adultos", bien sea en el de ser "políticos". Habrá congruencia en el sentido débil si: a) los patrones de autoridad aumentan en similitud con el gobierno cuanto "más cerca" estén de él; o b) existe un alto grado de parecido en los patrones "adyacentes al gobierno", y si en los segmentos distantes se han dejado de lado los patrones funcionalmente apropiados a favor de la imitación real o ritual del patrón del gobierno (pp.238-240).[12]

Podría parecer que hay una dificultad en este punto de la teoría porque sólo puede lograrse la estabilidad y puede evitarse la "tensión" –un estado psicológico y condición social similar a la "anomia"– si se logra la congruencia. Puede minimizarse la tensión si hay suficientes oportunidades para que los individuos aprendan patrones democráticos de acción, en particular si las estructuras democráticas de autoridad son las

[12] "b)" es la condición mínima para que se verifique (el significado de la) "congruencia"; "a)" es, según entiendo, lo que Eckstein quiere significar con "un patrón graduado en una segmentación adecuada de la sociedad" (p. 239).

más cercanas al gobierno o involucran a las élites políticas; es decir, si se logra el sentido débil de congruencia. Pero Eckstein ya ha dicho que es imposible democratizar algunas de las estructuras de autoridad más cercanas al gobierno (p. 254 y ss.).[13] Sin embargo, este no es realmente un problema para la teoría porque Eckstein sostiene que, para lograr una democracia estable, debe lograrse la congruencia del patrón de autoridad gubernamental con la forma predominante de estructura de autoridad de la sociedad; es decir, el patrón gubernamental no debe ser "puramente" democrático, sino que debe contener un "equilibrio de elementos dispares" y debe haber un "saludable elemento de autoritarismo". También ofrece otras dos razones para que exista este último: una es parte de la definición de "estabilidad", y consiste en que la toma eficaz de decisiones sólo puede tener lugar si está presente este elemento de autoritarismo; la segunda es psicológica, y dicta que los seres humanos necesitan líderes y liderazgos firmes (autoritarios), y que es preciso satisfacer esta necesidad si deseamos que se mantenga la estabilidad del sistema (pp. 262-267).

La conclusión de la teoría de Eckstein –en cierto sentido paradójica, dado que se trata de una teoría de la democracia– es que, para que exista un sistema democrático *estable*, la estructura de autoridad en el gobierno nacional necesariamente no puede ser –al menos, "puramente"– una estructura democrática.

Podemos ahora formular una teoría de la democracia que sea común a los cuatro autores (y a muchos otros teóricos actuales de la democracia). De aquí en adelante me referiré a esta teoría como la "teoría con-

[13] Al igual que Dahl, Eckstein dice poco sobre de qué manera se produce el "entrenamiento social". Dado que la mayoría de las personas no son muy activas políticamente y, por lo tanto, no participarán en las estructuras de autoridad más "congruentes" –las "más cercanas" al gobierno–, dicha mayoría se socializa en patrones no democráticos. Así, la teoría de Eckstein apoya los argumentos de quienes hacen hincapié en los peligros que podrían acechar a la estabilidad del sistema de mayor participación por parte de la mayoría –no democrática–.

temporánea de la democracia". Esta teoría –a la que se hace referencia como teoría empírica o descriptiva– se concentra en el funcionamiento del sistema político democrático como un todo y se basa en los hechos mostrados por las actitudes y conductas políticas de nuestros días, tal como son reveladas por la investigación sociológica.

En esta teoría, el término "democracia" se refiere a un método político o a un conjunto de acuerdos institucionales a nivel nacional. El elemento característicamente democrático en este método es la competencia entre líderes –élites– por lo votos del pueblo en elecciones libres y periódicas. Las elecciones son cruciales para el método democrático porque es fundamentalmente a través de ellas que la mayoría puede ejercer control sobre sus líderes. La capacidad de respuesta de los líderes a las demandas de quienes no forman parte de la élite –el "control" sobre los líderes– se asegura primordialmente a través de la sanción que implica la pérdida del cargo en las elecciones, y las decisiones de los líderes también pueden verse influidas por grupos activos que ejercen presión durante los períodos entre elecciones. La "igualdad política" de la que habla esta teoría se refiere al sufragio universal y a la existencia de igualdad de oportunidades de acceso a canales de influencia sobre los líderes. Finalmente, el concepto de "participación" –en lo que a la mayoría concierne– significa participación en la elección de quienes toman decisiones. Por lo tanto, la función de la participación en la teoría es puramente protectora: se protege a cada individuo y a sus intereses privados contra las decisiones arbitrarias tomadas por los líderes electos. La justificación del método democrático reside en el logro de este objetivo.

Son necesarias ciertas condiciones para que el sistema democrático permanezca estable. El nivel de participación por parte de la mayoría no debe elevarse demasiado por encima del mínimo necesario para mantener en funcionamiento el método democrático –la maquinaria electoral–; es decir, debe permanecer más o menos al nivel que existe en la actualidad en las democracias anglosajonas. El hecho de que las actitudes no democráticas sean más habituales entre los inactivos significa que cualquier aumento en la participación por parte de los apáticos haría que se debilite el consenso sobre las normas del método democrático, que es otra condición necesaria. Si bien no hay un "carácter democrático" definido exigible a todos los ciudadanos, el entrenamiento social o socialización que sea necesario brindar para dominar el método democrático puede producirse dentro de las diversas estructuras de autoridad no gubernamentales existentes. Siempre y cuando haya algún grado de congruencia entre la estructura de autoridad del gobierno y las estructuras de autoridad no gubernamentales cercanas a esta, puede mantenerse la estabilidad. Tal como lo señala Bachrach (1967: 95), tal modelo de democracia puede verse como uno donde la mayoría –los no pertenecientes a la élite– logra el resultado máximo –decisiones sobre políticas– de parte de los líderes con un mínimo aporte –participación– de su parte.

La teoría contemporánea de la democracia ha logrado un apoyo casi universal entre los teóricos políticos de nuestros días, pero no ha estado exenta de críticas, si bien las voces del disenso se encuentran un tanto silenciadas.[14] El ataque de los críticos se concentra principalmente en dos puntos. En primer lugar, sostienen que los defensores de la teoría contemporánea de la democracia han malinterpretado la teoría "clásica"; esta no era primigeniamente una teoría descriptiva, como ellos postulan, sino una teoría normativa, "un intento de prescripción" (Davis, 1964: 39). Examinaré este punto en los siguientes párrafos. En segundo lugar, argumentan que, en la revisión de la teoría "clásica", los ideales contenidos en tal teoría han sido rechazados y reemplazados con otros: "los revisionistas han cambiado fundamentalmente la significación normativa de la democracia" (Walker, 1966: 286).

---

[14] Casi cualquier escrito reciente sobre democracia suministrará un ejemplo de la teoría contemporánea, pero véanse, por ejemplo, Almond y Verba (1965), Lipset (1960), Mayo (1960), Morris Jones (1954), Milbrath (1965), Plamenatz (1958). Encuéntrense ejemplos de crítica a la teoría contemporánea en Bachrach (1967), Bay (1965), Davis (1964), Duncan y Lukes (1963), Goldschmidt (1966), Rousseas y Farganis (1963), y Walker (1966).

Ya se ha hecho hincapié en que la teoría contemporánea se presenta como una teoría "exenta de valores morales" y descriptiva. Dahl (1966) ha rechazado rotunda y explícitamente la acusación de que él y otros teóricos han generado una teoría normativa nueva. Aquí, sus críticos entienden mucho mejor que el propio Dahl la naturaleza de la teoría contemporánea. Taylor (1967) señala que cualquier teoría política cumple con su objetivo si discierne, de entre los fenómenos bajo consideración, los que necesitan ser explicados y los que son pertinentes para dicha explicación. Pero más aun: como Taylor ha demostrado, esta selección significa no sólo que ciertas dimensiones quedan descartadas por no ser pertinentes –y pueden ser cruciales para otra teoría–, sino también que las dimensiones elegidas respaldan una posición normativa, una posición implícita en la teoría misma.

La teoría contemporánea de la democracia no sólo describe el funcionamiento de ciertos sistemas políticos, sino que además implica que este es el tipo de sistema que debemos valorar, e incluye un grupo de criterios por los cuales un sistema político puede ser juzgado como "democrático". No es difícil ver que, para los teóricos que estoy analizando, dichos criterios son los inherentes al sistema democrático anglosajón actual, y que, con el desarrollo de este sistema, ya contamos con el gobierno democrático ideal. Berelson, por ejemplo, sostiene que el sistema político existente –en Estados Unidos– "no sólo funciona respecto de las cuestiones más difíciles y complejas, sino que, con frecuencia, funciona de forma destacable" (1954: 312). Dahl termina su obra *A preface to democratic theory* aclarando que, si bien él no había intentado determinar si el sistema que describe es un sistema deseable, de todas formas tal permite a todos los grupos activos y legítimos que se los escuche en alguna etapa del proceso de toma de decisiones, "lo cual no es poco", y que también es "un sistema relativamente eficiente para reforzar el acuerdo, alentar la moderación y mantener la paz social" (1956a: 149-151). Claramente, un sistema político que puede resolver cuestiones difíciles –y en verdad lo hace– de forma destacable, que puede asegurar la paz social, y en verdad lo hace, *es* intrínsecamente deseable. Además, al descartar ciertas dimensiones, la teoría contemporánea nos plantea dos alternativas: un sistema donde los líderes son objeto de control de parte del electorado y le deben explicaciones a este, y donde el electorado puede elegir entre líderes o élites en competencia; y un sistema donde tales cosas no suceden –el totalitarismo–. Pero la elección está dada por la presentación de las alternativas; tenemos elección entre líderes en competencia; por lo tanto, el sistema que deberíamos tener es el que, en efecto, tenemos.

Los críticos, entonces, tienen razón al afirmar que la teoría contemporánea no sólo cuenta con su propio contenido normativo, sino que además implica que nosotros –o, al menos, los occidentales anglosajones– vivimos en el sistema democrático "ideal". También tienen razón cuando dicen que mientras el ideal contenido en la teoría "clásica" difiera de las realidades existentes, este será rechazado. Los críticos de la teoría contemporánea coinciden ampliamente en la definición de este otro ideal. Todos concuerdan en que la máxima participación por parte de todo el pueblo era un elemento central; en términos más generales, como sostiene Davis (1964), era el ideal del "hombre democrático racional, activo e informado" (p. 29). Pero, si bien todos los críticos concuerdan respecto del contenido del ideal, sólo uno de ellos, Bachrach, se toma el trabajo de dar tratamiento a la crucial cuestión de si los teóricos de la democracia contemporánea tienen o no razón, dados los hechos empíricos disponibles, cuando rechazan este ideal. Duncan y Lukes (1963, p. 160) señalan que la evidencia empírica puede llevarnos a cambiar las teorías normativas bajo ciertas circunstancias, si bien ambos autores agregan que, en lo que concierne a cambiar el ideal, "es necesario mostrar exactamente cómo y por qué es imposible alcanzarlo. Esto no se ha hecho en ninguna parte". Pero, por otro lado, los críticos de la teoría contemporánea tampoco han demostrado cómo o por qué el ideal *es* factible de ser logrado.[15] Tal

[15] Bachrach (1967) señala por qué debemos conservar el ideal, pero brinda sólo sugerencias absolutamente generales sobre cómo disponerse a concretarlo, y no hay evidencia que muestre que tal cosa sea posible.

vez Sartori tiene razón cuando sostiene que es un error buscar razones que justifiquen la falta de interés y actividad en la política de parte de la mayoría; tal vez los teóricos de la democracia contemporánea tienen razón al subrayar la fragilidad de los sistemas políticos democráticos y la "calamitosa improbabilidad" de que la combinación adecuada de requisitos para lograr la estabilidad tengan lugar en más de unos pocos países, si es que efectivamente tienen lugar.

La razón por la cual las críticas a la teoría contemporánea de la democracia no son concluyentes es que también los críticos han aceptado la formulación que hizo Schumpeter del problema. Tienden a aceptar la caracterización de la teoría "clásica" de los autores a los que critican; y, al igual que ellos, suelen presentar un modelo de dicha teoría armado con retazos y sin brindar las fuentes de las cuales lo obtuvieron, o bien se refieren indiscriminadamente a una muy diversa lista de teóricos.[16] Pero lo que es más importante es que tales críticos no cuestionan la existencia de esta teoría, aunque disientan acerca de su naturaleza. De lo que ni sus críticos ni sus defensores se han percatado es que *la noción de "teoría clásica de la democracia" es un mito.* Ninguno de los bandos de la polémica ha llevado a cabo lo obvio y necesario, ni ha mirado en detalle lo que los teóricos anteriores en verdad tenían para decir. Debido a esta circunstancia, continúa vigente el mito de una teoría "clásica" y se malinterpretan una y otra vez los puntos de vista y la naturaleza de las teorías de los autores clásicos de la democracia. Sólo cuando se haya desenmascarado el mito podrá abordarse y resolverse la cuestión de si se justifica o no la revisión normativa de la democracia. Ahora, nos centraremos en el mito.

---

[16] Duncan y Lukes son la excepción; ellos sí toman a J. S. Mill como su ejemplo de un teórico "clásico". Walker, luego de objetar que no suele quedar claro a qué teóricos se hace referencia, presenta una breve explicación de la teoría "clásica" tomada en gran parte del artículo de Davis en el cual este, si bien ofrece una muy diversa lista de autores, no indica de qué teóricos en especial obtiene su material. Bachrach también se refiere sin distinción a los "teóricos clásicos".

Lo primero que debe hacerse es tomar una decisión sobre la identidad de estos teóricos clásicos. Es claro que hay una amplia gama de nombres para elegir; comenzaremos por lo obvio: la definición de "teoría clásica de la democracia" enunciada por Schumpeter. Schumpeter definió el método democrático clásico como "aquel acuerdo institucional para tomar decisiones políticas que concreta el bien común haciendo que el pueblo mismo decida las cuestiones a través de la elección de individuos que se reunirán a fin de llevar a cabo la voluntad de ese pueblo" (1943: 250). Schumpeter llama "teoría del siglo XVIII" a la teoría clásica, y sostiene que se desarrolló a partir de un prototipo de pequeña escala; también la llama "utilitaria" (pp. 248 y 267). Entonces, si tomamos estas pautas como orientación, llegamos a los nombres de Rousseau, los de Mill y Bentham, todos los cuales están respaldados por buenas razones para ser llamados teóricos "clásicos" de la democracia. Pero si pudiera parecer dudosa la identificación de la teoría de cualquiera de estos autores con la definición dada por Schumpeter, resulta aun más llamativo la implicancia de que las teorías de todos ellos –y tal vez también las de otros escritores– podrían combinarse en un solo enunciado. Schumpeter sostiene que, para que funcione este método político, "todos deberían saber con claridad qué quieren defender [...]; debería arribarse a una conclusión clara y *pronta* respecto de cuestiones particulares según las reglas de la inferencia lógica [...]; el ciudadano modelo debería hacer todo esto para sí mismo e independientemente de la propaganda y de los grupos de presión" (pp. 253-254). Formula dos críticas fundamentales a la teoría "clásica" que son de particular pertinencia aquí. En primer lugar, que es una teoría totalmente falta de realismo y que exige un nivel de racionalidad del hombre común que sencillamente no es posible. Para el hombre común, dice Schumpeter –preanunciando a Sartori–, sólo las cosas de las cuales tiene experiencia cotidiana son plenamente "reales", y la política no suele estar encuadrada en esta categoría. En general, cuando el hombre común debe lidiar con cuestiones políticas, "se pierde por completo [...] el sentido de la realidad" y cae a "un nivel bajo de rendimiento mental apenas ingresa al campo político". En segundo lugar, argumenta que la teoría "clásica" prácticamente hizo caso omiso de los líderes (pp. 258-261 y 270). Si la caracterización realizada por Schumpeter de la teoría "clásica" y lo que ésta requiere del ciudadano común fueran correctos, entonces, sin dudas, sus críticas tendrían un alto grado de validez. Pero Schumpeter no sólo falsea lo que los llamados "teóricos clásicos" tuvieron para decir, sino que, además, no se da cuenta de que se encuentran dos teorías muy diferentes sobre la democracia en los escritos de estos. Para sostener esta afirmación, debe examinarse la obra de los cuatro teóricos "clásicos". En este punto, sólo Bentham y James Mill serán considerados brevemente. Las teorías de Rousseau y de J. S. Mill serán tratadas con detalle en el siguiente capítulo.

Bentham y James Mill son ejemplos de escritores de cuyas teorías uno podría extraer algo que tenga algún parecido con la definición schumpeteriana de teoría "clásica". Bentham, en sus últimos escritos –donde abogaba por el sufragio universal, el voto secreto y la renovación anual del parlamento–, esperaba que el electorado ejerciera un grado adecuado de control sobre sus representantes. Deseaba que estos últimos se llamaran "diputados" –que significa "sustitutos"–; con esa palabra, dijo, "se señala una cuestión fáctica lisa y llana, una cuestión que *es* muy apropiada",[17] y también afirmó que las funciones "locativa" y "dislocativa" eran las más importantes llevadas a cabo por el electorado. Esta afirmación implica que, sobre la mayor parte de las cuestiones, el electorado tiene una opinión respecto de qué políticas redundan en su interés y en el interés universal, y, por lo tanto, tiene una opinión sobre cuáles políticas debería apoyar su delegado. Para Bentham y Mill, el "pueblo" significaba "las clases numerosas", el único cuerpo capaz de actuar como control contra la prosecución de intereses "siniestros" por parte del gobierno. Bentham sostenía que, dado que el interés del ciudadano consiste en asegurarse contra el mal gobierno, este actuará en conformidad y "para beneficio de algún deseo

[17] Bentham (1843), vol. IX, libro II, capítulo V, párrafo I, p. 155.

siniestro a expensas del interés universal no puede esperar obtener cooperación ni apoyo de ningún grupo considerable de conciudadanos".[18] James Mill dijo que las simpatías del pueblo se verifican recíprocamente entre sus miembros, "no con las partes externas cuyos intereses entren en competencia con los suyos".[19]

Ahora bien: en vista de este panorama, uno podría tal vez inferir que los dos teóricos esperaban que los electores tomaran cada decisión independientemente de la "propaganda" y que formaran sus opiniones "lógicamente", como dice Schumpeter, pero ninguno de los dos autores esperaba que las opiniones se formaran en el vacío. En efecto, Bentham hizo especial hincapié en la opinión pública y en la necesidad de que el individuo la tuviera en cuenta, y señaló una ventaja de todo elector en democracia, que "no puede entrar en contacto con los demás sin ver a quienes [...] están dispuestos a comunicarle lo que saben, lo que han visto, u oído, o pensado. Los archivos del año [...] las fotos de los funcionarios públicos [...] encuentran un lugar en su mesa junto con el pan de cada día".[20] Mill destacaba la importancia de educar al electorado en el voto socialmente responsable, y pensaba que el principal aspecto de esta educación residía en el hecho de que las clases trabajadoras en verdad tomaban a las clases medias "sabias y virtuosas" como grupo de referencia al momento de formar sus opiniones y, por lo tanto, votarían responsablemente. Ni Mill ni Bentham compartían totalmente la visión del electorado que les atribuye Schumpeter.[21] Más importante aun resulta el hecho de que el principal interés de ambos autores era la elección de buenos representantes –líderes– más que la formulación de las opinio-

---

[18] Bentham (1843), vol. IX, libro I, capítulo XV, párrafo IV, p. 100.

[19] Citado en Hamburger (1965:. 54).

[20] Bentham (1843), vol. IX, libro I, capítulo XV, párrafo V, p. 102. Respecto de la importancia de la opinión pública en la teoría de Bentham, véase Wolin (1961: 346).

[21] Wolin (1961: 332) hace énfasis en el papel desempeñado por las pasiones, así como el de la razón en las teorías utilitarias.

nes del electorado como tal. Bentham esperaba que aquellos ciudadanos menos calificados para juzgar las cualidades morales e intelectuales del potencial representante solicitaran el consejo de los competentes, y que el representante mismo, cada tanto, influyera en sus votantes a través de sus discursos, porque ocupaba su cargo para propender el interés universal. Sería posible para el electorado elegir el mejor representante sin necesidad de detentar el tipo de principios "lógicos" sugeridos por Schumpeter. El hecho de que Bentham y Mill esperaran que cada ciudadano estuviera interesado en la política porque tal actitud actuaría en su beneficio –y que pensaran que se lo podía educar para que lograra darse cuenta de ello– no es incompatible con algún tipo de "influencia" que pudiera existir, ni implica que cada ciudadano tome una decisión independiente sobre cada política –basándose lógicamente en toda la evidencia– en aislamiento completo respecto de todas sus otras decisiones y de las opiniones de los demás.

Sin embargo, existe –como ya se señaló– una similitud entre las teorías de James Mill y de Bentham, por un lado, y la teoría "clásica" de Schumpeter, por el otro; hay una razón significativa para ello. Al igual que este último, Mill y Bentham se interesan casi por entero en los "acuerdos institucionales" a nivel nacional. La participación del pueblo tiene una función muy acotada; asegura que el buen gobierno –es decir, "el gobierno que procura el interés universal"– se logre a través de la sanción de la pérdida del cargo. Para Bentham y Mill, la participación, entonces, tiene una función puramente protectora; asegura que se protejan los intereses privados de cada ciudadano –siendo el interés universal nada más que la suma de los intereses individuales–. Sus teorías pueden clasificarse como "democráticas" porque pensaban que "las clases numerosas" sólo eran capaces de defender el interés universal y, por lo tanto, defendían la participación –votación y debate– de todo el pueblo.[22] Sin embargo, otros

---

[22] Hamburger (1962) sostiene convincentemente que Mill no estaba a favor de restringir el sufragio a las clases medias, como suele afirmarse.

teóricos han sostenido que la participación es necesaria por su función protectora, sin considerar necesario que *todo* el pueblo deba participar. No hay nada específicamente democrático en este punto de vista sobre la función de la participación. Por ejemplo, desempeña un papel similar en la teoría de Locke, quien estaba lejos de ser un demócrata –aunque ha sido reputado por Milbrath como uno de los "demócratas clásicos" universales–.[23]

Como hemos visto, quienes formularon la teoría contemporánea de la democracia también consideran la participación exclusivamente como un dispositivo de protección. Según esta visión, la índole "democrática" del sistema reside primordialmente en la forma de los "acuerdos institucionales" nacionales, específicamente en la competencia de los dirigentes –representantes potenciales– por los votos, de tal suerte que los teóricos que sostienen este punto de vista del rol de la participación son, en primer lugar, teóricos del gobierno representativo. Este es, por supuesto, un aspecto importante de la teoría democrática; sería absurdo intentar negarlo o cuestionar el influyente aporte de Bentham –o de Locke– a la teoría y la práctica de la democracia de hoy en día. Sin embargo, la cuestión es que la teoría del gobierno representativo no es la totalidad de la teoría democrática, como lo sugiere gran parte de la literatura reciente. La importancia de la influencia de Schumpeter reside en que ha eclipsado el hecho de que no todos los autores que tienen derecho a ser llamados teóricos "clásicos" de la democracia veían el rol de la participación de la misma forma. En las teorías de J. S. Mill y de Rousseau, por ejemplo, la participación tiene funciones mucho más amplias y es central para establecer y mantener un gobierno democrático, considerando este no

[23] A partir de la descripción que brinda de la teoría de Locke, parece haberlo confundido con Rousseau (!). En relación con este aspecto de la teoría política de Locke, véase, por ejemplo, Seliger (1968), capítulos 10 y 11. También Hegel da a la participación una justificación filosófica en su teoría política, y Burke concede que es necesaria para el buen gobierno, pero ninguno de los dos incluye a todo el pueblo en el electorado.

sólo como un conjunto de instituciones representativas nacionales, sino como lo que yo llamo una "sociedad participativa" (el significado de tal locución se aclarará en el siguiente capítulo). Por lo tanto, me referiré a teóricos como Rousseau bajo la denominación de "teóricos de la democracia participativa".

Dado que existe esta diferencia, es una tontería hablar de una teoría "clásica" de la democracia. Es a causa de su adhesión al mito clásico que los críticos de la teoría contemporánea de la democracia jamás han explicado exactamente cuál es el rol de la participación en las teorías clásicas o por qué se le adjudicó un valor tan alto en (algunas) teorías. Esta explicación puede lograrse sólo a través de un detallado examen de las teorías en cuestión. Davis (1964) ha dicho que la teoría "clásica" –es decir, la teoría de la democracia participativa– tenía un propósito ambicioso, "la educación de todo un pueblo hasta el punto en que sus capacidades intelectuales, emocionales y morales hubieran llegado a su pleno potencial y todos se hubieran unido, libre y activamente, en una comunidad genuina", y afirmó que la estrategia para lograr este propósito era el uso de "la actividad política y el gobierno a efectos de la educación pública". Con todo, afirma también que la "cuestión pendiente" de la teoría democrática es "la elaboración de planes de acción y prescripciones específicas que ofrezcan una esperanza de progreso hacia un gobierno genuinamente democrático" (pp. 40 y 41). Es exactamente este último postulado lo que puede encontrarse en las teorías de los autores de la democracia participativa: un conjunto de prescripciones y planes específicos de acción necesarios para el logro de la democracia política. Esta situación se produce, en efecto, a través de la "educación pública", pero ésta depende de la participación en numerosas esferas de la sociedad referidas a la "actividad política" en un sentido amplio del término.[24]

---

[24] Bachrach (1967: cap. 7), está a favor de una interpretación amplia de "lo político", pero no se ha dado cuenta de que tal interpretación se vincula a los argumentos de los teóricos clásicos. Así, afirma incorrectamente que "al subrayar la importancia de la participación

Mientras no se haya examinado en detalle la teoría de la democracia participativa ni se hayan evaluado las posibilidades de su materialización empírica, no sabremos cuántas "cuestiones pendientes", o de qué tipo, le quedan a la teoría democrática. El primer paso en esta tarea es considerar la obra de tres teóricos de la democracia participativa. Los dos primeros son Rousseau y John Stuart Mill, dos ejemplos de teóricos democráticos "clásicos" cuyas teorías nos brindan los postulados básicos de una teoría de la democracia participativa. El tercero es G. D. H. Cole, un teórico político del siglo XX en cuyos primeros escritos puede encontrarse un detallado plan de una sociedad participativa al estilo del socialismo corporativo. Sin embargo, este plan es, en sí mismo, de menor importancia; la obra de Cole es significativa porque desarrolló una teoría de la democracia participativa que no sólo incluía y extendía aquellos postulados básicos, sino que se ubicaba en el contexto de una sociedad moderna, industrializada y de gran escala.

---

generalizada en la toma de decisiones políticas, [la teoría 'clásica'] no ofrece pautas realistas respecto de la forma en que ha de satisfacerse su prescripción en las grandes sociedades urbanas" (p. 99).

CAPÍTULO II
Rousseau, John Stuart Mill y G. D. H. Cole: una teoría participativa de la democracia

Podría decirse que Rousseau es el teórico por excelencia de la participación; es vital para la teoría de la democracia participativa entender la naturaleza del sistema político que él describe en *El contrato social*. La totalidad de la teoría política de Rousseau se basa en la participación individual de cada ciudadano en la toma de decisiones políticas. En su teoría, la participación es muchísimo más que un accesorio protector de un conjunto de acuerdos institucionales; también produce un efecto psicológico en los participantes, ya que asegura que exista una interrelación continua entre el funcionamiento de las instituciones y las cualidades y actitudes psicológicas de los individuos que interactúan dentro de tales instituciones. Es su énfasis en este aspecto de la participación y el lugar central que esta ocupa en sus teorías lo que marca el aporte distintivo de los teóricos de la democracia participativa al conjunto de la teoría democrática. Si bien Rousseau escribió antes de que se desarrollaran las instituciones modernas de la democracia, y si bien su sociedad ideal es la ciudad-Estado no industrial, es en esta teoría donde se encuentran las hipótesis básicas sobre la función de la participación en todo gobierno democrático.[25]

A fin de comprender el rol de la participación en la teoría política de Rousseau, es esencial ser claros sobre el carácter de este sistema político ideal y participativo, dado que este ha sido objeto de interpretaciones diametralmente opuestas. En primer lugar, Rousseau argumentaba que eran necesarias ciertas condiciones económicas para que se configurara un sistema participativo. Como bien se sabe, propugnaba una sociedad de pequeños propietarios rurales; es decir, estaba a favor de una sociedad de igualdad e independencia económica. Su teoría no requiere absoluta igualdad, como suele decirse, sino que las diferencias que en efecto existen no deben conducir a la desigualdad política. En un plano ideal, debería darse una situación en la que "ningún ciudadano sea lo bastante rico como para comprar a otro, y que ninguno sea tan pobre que se vea obligado a venderse"; además, el requisito vital es que cada hombre tenga bienes –el derecho más sagrado de todo ciudadano– porque la seguridad y la independencia que esta situación brinda al individuo forman la base necesaria sobre la cual descansan la igualdad y la independencia política.[26]

Si se establecen tales condiciones, los ciudadanos pueden reunirse como individuos iguales e independientes; sin embargo, Rousseau también quería que fueran interdependientes; esto último era necesario si se pretendía preservar la independencia y la igualdad. Este postulado no es tan paradójico como suena, porque la situación participativa es tal que

[25] El sistema político descripto en *El contrato social* no era una democracia según el uso que Rousseau hacía del término. Para él, una "democracia" era un sistema en el que los ciudadanos ejecutaban y hacían las leyes, y por este motivo tal sistema era apto sólo para los dioses (libro III, capítulo 4). Podría señalarse aquí que, como el sistema de Rousseau es directo y no representativo, *no* se ajusta a la definición dada por Schumpeter de teoría democrática "clásica".

[26] Rousseau (1968), libro II, capítulo II, p. 96, y (1913), p. 254.

cada ciudadano sería incapaz de hacer nada sin la cooperación de todos los demás, o de la mayoría. Cada ciudadano sería, como Rousseau lo plantea, "excesivamente dependiente de la república" (1968, p. 99, libro II, capítulo 12); es decir, habría una dependencia equivalente de cada individuo respecto de todos los demás considerados colectivamente como soberano, y la participación independiente es el mecanismo por el cual se hace cumplir esta interdependencia. La forma en que esto funciona es simple y sutil. Es posible leer *El contrato social* como una elaboración de la idea de que las leyes, no los hombres, deberían gobernar; pero una mejor formulación del rol de la participación es que los hombres han de ser gobernados por la lógica del funcionamiento de la situación política que ellos mismos hayan creado, y que esta situación debe ser tal que quede vedada "automáticamente" la posibilidad del gobierno de hombres tomados individualmente. Es porque los ciudadanos son iguales e independientes, no subordinados a ningún otro individuo en lo que se refiere a su voto u opinión, que en el conjunto político nadie necesita votar a favor de ninguna política que no redunde en su beneficio tanto como en el beneficio de cualquier otro. El individuo X será incapaz de convencer a los demás de que voten una propuesta que otorgue sólo a X alguna ventaja. En un pasaje crucial de *El contrato social*, Rousseau pregunta: "¿Cómo es que la voluntad general siempre es correcta, y que todos los hombres constantemente desean la felicidad de cada uno, sino por el hecho de que no hay ninguno que no considere que la frase 'cada uno' le concierne, y al votar por todos piense en sí mismo?".[27] Dicho de otra forma, la única política que resultará aceptable para todos es aquélla por la cual se compartan de manera equitativa los beneficios y las cargas; el proceso participativo asegura que se efectivice la igualdad política en la toma colectiva de decisiones. El resultado sustantivo de estas políticas

[27] Rousseau (1968), libro II, capítulo 4, p. 75. Véase también la p. 76, "la voluntad general es una institución en la cual cada uno se somete necesariamente a las mismas condiciones que les impone a los demás".

es que la voluntad general es, tautológicamente, siempre justa –es decir, afecta a todos por igual–; con lo cual, al mismo tiempo, están protegidos los derechos y los intereses individuales y se favorece el interés público. La ley ha "emergido" del proceso participativo, y es la ley, no los hombres, lo que rige las acciones individuales.[28]

Rousseau pensaba que la situación ideal para la toma de decisiones era aquella en la cual no estaba presente ningún grupo organizado, sino sólo los individuos, porque los grupos organizados podrían lograr que prevalecieran sus "voluntades particulares". Los comentarios de Rousseau sobre los grupos surgen directamente de su argumentación sobre el funcionamiento del proceso participativo. Reconoció que inevitablemente había "asociaciones tácitas"; es decir, individuos no organizados que se unen en función de algún interés común, pero sería muy difícil que una asociación de tales características obtuviera apoyo respecto de alguna política que obrara en su beneficio debido a las condiciones en las que tiene lugar la participación (1913: 237). Si es imposible evitar las asociaciones organizadas dentro de la comunidad, entonces, afirma Rousseau, estas deben ser tan numerosas e igualitarias en poder político como sea posible. Es decir, se repetiría la situación participativa de los individuos en lo que concierne a los grupos, y ninguno ganaría a expensas del resto. Rousseau no dice nada –y tal cosa no sorprende– sobre la estructura interna de autoridad de tales grupos, pero su análisis básico del proceso participativo puede aplicarse a cualquier grupo o asociación.[29]

---

[28] Con referencia a la definición "clásica" de Schumpeter, es en cierta forma un error decir que los ciudadanos de Rousseau deciden sobre "cuestiones". Al participar, lo que hacen es poner sobre la mesa la respuesta correcta a los problemas –es decir, la voluntad general–. No necesariamente habrá una respuesta correcta para una "cuestión" tal como entendemos este término en las condiciones políticas actuales; tampoco se requiere una capacidad de realizar "inferencias lógicas"; al contrario, el real sentido de la situación participativa es que cada individuo independiente e interdependiente se vea "forzado" a apreciar que existe sólo una respuesta correcta: aplicar la frase "cada uno" o "cada hombre" a sí mismo.

[29] Rousseau (1968), libro II, capítulo 3, p. 73. Véase también Barry (1964).

Este análisis del funcionamiento del sistema participativo postulado por Rousseau pone en claro dos puntos: primero, que para Rousseau la "participación" es participación en la toma de decisiones; segundo, que es, como en las teorías del gobierno representativo, una forma de proteger los intereses privados y de asegurar el buen gobierno. Pero la participación es también mucho más que esto en su teoría. Plamenatz (1963) ha dicho de Rousseau que "hace que nuestra mente [...] considere de qué forma el orden social afecta la estructura de la personalidad humana" (vol. I, p. 440); y es este impacto psicológico de las instituciones sociales y políticas lo que se encuentra en el centro del interés de Rousseau: ¿qué aspecto del carácter de los hombres hacen las instituciones que se desarrolle? Aquí, la variable crucial es si la institución es o no una institución participativa; por otro lado, la función central de la participación en la teoría de Rousseau es educativa, entendiéndose aquí el término "educación" en el sentido más amplio. El sistema ideal de Rousseau está diseñado para desarrollar acciones políticas y sociales individuales responsables a través del efecto del proceso participativo. Durante este proceso, el individuo aprende que debe aplicar a sí mismo la frase "cada uno" o "cada hombre"; es decir, se da cuenta de que tiene que tener en cuenta asuntos más amplios que sus propios intereses privados e inmediatos si ha de lograr la colaboración de parte de los demás, y aprende que interés público e interés privado están en íntima relación. La lógica del funcionamiento del sistema participativo es tal que el individuo se ve "obligado" a deliberar según su sentido de la justicia, en conformidad con lo que Rousseau llama su "voluntad constante", porque sus conciudadanos siempre pueden resistirse a la satisfacción de demandas injustas. Como resultado de la participación en la toma de decisiones, se educa al individuo para que distinga entre sus propios impulsos y deseos, y aprenda a ser un ciudadano público y privado.[30] Rousseau también cree que, a través de este proceso educativo,

[30] El planteamiento de situaciones que "obligan" al individuo a aprender por sus propios medios es la base de toda la teoría de la educación de Rousseau; confróntense los comentarios sobre el *Emilio* y *La nueva Eloísa* en Shklar (1964). Los métodos adicionales para educar a la

el individuo finalmente llegará a experimentar poco o ningún conflicto entre las demandas de la esfera pública y aquellas del ámbito privado. Una vez que se establece el sistema participativo –y este es un punto de gran importancia–, este se torna autosuficiente porque las cualidades mismas que se requieren de cada uno de los ciudadanos –si es que el sistema ha de funcionar correctamente– son aquellas desarrolladas y alentadas por el proceso de participación; cuanto más participa el ciudadano, más capaz es de participar. Los resultados humanos que se desprenden del proceso participativo brindan una importante justificación para la existencia del sistema participativo.

Otro aspecto del rol de la participación en la teoría de Rousseau es la íntima relación entre participación y control, que está estrechamente relacionada con su concepción de la libertad. No es necesario realizar aquí una exposición completa del uso que hace Rousseau de este último concepto, pero es preciso decir que está vinculado íntimamente con el proceso de participación. Tal vez las palabras más famosas, o más tristemente célebres, que Rousseau haya escrito alguna vez fueron aquellas que dicen que todo hombre podría ser "obligado a ser libre"; por su parte, Rousseau definió la libertad como "la obediencia a una ley que uno se prescribe para sí mismo".[31] No habría sido posible dar cabida a algunas de las interpretaciones más fantasiosas y siniestras que se han hecho de la frase citada, si el concepto de libertad postulado por Rousseau hubiera sido situado firmemente en el contexto de la participación, porque la

---

ciudadanía propugnados por Rousseau (por ejemplo, las ceremonias públicas) parecerían surgir de su pesimismo; no son parte necesaria de la teoría. Como mucho, funcionan en la misma dirección que la participación, y no ocupan el lugar de esta. La institución del legislador puede verse como una respuesta al problema de cómo ha de darse el paso inicial hacia la situación participativa, pero, según los propios argumentos de Rousseau, el carácter autónomo del sistema político participativo debería ser una excepción a su opinión de que todos los gobiernos suelen, al final, "degenerarse".

[31] Rousseau (1968), libro I, capítulo 7, p. 64, y libro I, capítulo 8, p. 65.

forma en la cual todo individuo puede ser "forzado" a ser libre es parte necesaria del mismo proceso por el cual tal individuo es educado "a la fuerza" a través de la participación en la toma de decisiones. Rousseau sostiene que, a menos que cada individuo se vea "forzado" a través del proceso participativo a la acción socialmente responsable, no puede haber ley que asegure la libertad de todos; es decir, no puede haber voluntad general ni el tipo de ley justa que el individuo puede prescribirse a sí mismo. Si bien con frecuencia se ha opinado sobre el elemento subjetivo en la noción de libertad de Rousseau –que, en virtud de dicha ley, el individuo sentirá que no tiene limitaciones; se *sentirá* libre–, habitualmente se soslaya el hecho de que también hay en juego un elemento objetivo –aunque esto no equivale a decir que su definición de libertad consista en la obediencia–. La libertad real del individuo, así como su sentido de libertad, aumentan a través de la participación en la toma de decisiones porque esta le otorga un grado muy real de *control* sobre el curso de su vida y la estructura de su entorno. Rousseau además sostiene que la libertad requiere que el individuo despliegue un adecuado control sobre quienes aplican las leyes y sobre los representantes, si resulta necesario contar con un sistema indirecto.[32] En la introducción a su reciente traducción de *El contrato social*, Cranston critica a Rousseau por considerar que las instituciones jamás constituyen una amenaza a la libertad (Rousseau 1968: 41). Esta crítica no es para nada acertada. Las instituciones participativas de *El contrato social* no pueden ser una amenaza a la libertad sólo por la lógica del funcionamiento de estas, por la interrelación entre la estructura de la autoridad de las instituciones y las orientaciones psicológicas de los individuos. Es la cuestión central del argumento de Rousseau que las instituciones no participativas (existentes) son las que verdaderamente presentan tal amenaza; más aun, tornan imposible la libertad; los hombres están "encadenados" por doquier. Las instituciones ideales descriptas en

[32] Véase Rousseau (1968), libro III, capítulo 18, p. 148 y (1953), pp. 192 y ss.

El contrato social son ideales porque Rousseau considera que su funcionamiento garantiza la libertad.

Rousseau también considera que la participación aumenta el valor que el individuo le adjudica a la libertad porque esta le permite ser su propio dueño y permanecer como tal. Al igual que el resto de la teoría de Rousseau, la noción de "ser dueño de uno mismo" ha sido receptora de una buena dosis de crítica, si bien Cranston dobla la apuesta cuando se refiere a dicha noción como "el ideal de un lacayo", y entonces, presumiblemente, no merece que se la considere con seriedad; pero ese argumento implica desestimar dicha idea con demasiada ligereza (Rousseau, 1968: 42).[33]

En la octava carta de *Cartas escritas desde la montaña*, Rousseau sostiene que la libertad consiste "menos en realizar la propia voluntad que en no estar sometido a la voluntad del prójimo; consiste además en no someter la voluntad del prójimo a la nuestra. Quienquiera que sea amo no puede ser libre".[34] Es decir, uno no debe ser dueño de otro; sin embargo, cuando uno es dueño de uno mismo y de su vida, entonces la libertad se potencia a través del control sobre esa vida, cosa que se requiere antes de que se pueda decir que el individuo es su "propio dueño". En segundo lugar,

---

[33] La crítica más conocida a dicha idea es que es potencialmente "totalitaria" –o, al menos, que no es libertaria– y que poco tiene que ver con la noción de libertad "negativa"; esta, a la vez, es considerada con frecuencia como la única forma de libertad compatible con la democracia. Es claro que esta exposición rechaza implícitamente la idea de que existen dos conceptos de libertad, y que Rousseau es un defensor inequívoco de la noción "positiva". También rechaza la perspectiva de que, al hablar de "ser dueño de uno mismo", Rousseau se refiere sólo a dominar los propios "bajos instintos". Este elemento está presente en Rousseau, pero sugerir que constituye toda su teoría es extremadamente engañoso. Tal interpretación sólo es posible si hacemos caso omiso de la totalidad del contexto participativo de la exposición de Rousseau sobre la libertad. Véase la crítica a la interpretación sobre todo en Berlin (1958); también en Talmon (1952).

[34] Rousseau (1965), volumen II, p. 234. En francés en el original.

el proceso participativo asegura que, si bien ningún hombre o grupo es dueño de ningún otro, todos son igualmente dependientes de los demás, y todos están igualmente sujetos a la ley. El (impersonal) imperio de la ley, que se torna posible a través de la participación y su relación con el hecho de "ser dueño de uno mismo", arroja una renovada luz sobre la razón por la cual Rousseau piensa que los individuos aceptarán a conciencia una ley a la que se ha llegado a través del proceso participativo de toma de decisiones. En términos más generales, ahora es posible ver que una segunda función de la participación en la teoría de Rousseau es que permite que las decisiones colectivas sean más fácilmente aceptadas por el individuo.

Rousseau también sugiere que la participación tiene una tercera función de índole integradora: incrementa en los ciudadanos el sentimiento de pertenencia a la comunidad. En cierto sentido, la integración deriva de todos los factores ya mencionados. Por ejemplo, la igualdad económica básica significa que no existe una división tajante entre ricos y pobres; no hay hombres como el que Rousseau menciona con desaprobación en el *Emilio*; el mismo que, cuando se le preguntaba cuál era su país, contestaba: "Yo soy uno de los ricos" (1911: 313). Más importante es la experiencia de participación en la toma de decisiones y la compleja totalidad de resultados a la cual se considera que conduce, tanto para el individuo como para la totalidad del sistema político; esta experiencia hace que el individuo se apegue a su sociedad y es de capital importancia al momento de hacer que esta se convierta en una auténtica comunidad.

Este examen de la teoría política de Rousseau nos ha brindado el argumento de que existe una interrelación entre las estructuras de autoridad de las instituciones, por un lado, y las cualidades y actitudes psicológicas de los individuos, por otro; también nos ha ofrecido el argumento afín de que la principal función de la participación es la función educativa. Estos argumentos forman la base de la teoría de la democracia participativa, tal como quedará claro a partir de la exposición de las teorías de J. S. Mill y de Cole. Las teorías de estos dos autores refuerzan los argumentos de Rousseau sobre la participación; pero resulta harto interesante que, en ellas, la teoría de la democracia participativa salga del contexto de la ciudad-Estado conformada por pequeños propietarios rurales para aplicarse al sistema político moderno.

John Stuart Mill, en su teoría social y política, al igual que en otros asuntos, comenzó como entusiasta adherente de las doctrinas de su padre y de Bentham –que posteriormente criticó con severidad–; es así que brinda un excelente ejemplo de las diferencias existentes entre las teorías sobre el gobierno representativo y sobre la democracia participativa. Sin embargo, Mill jamás rechazó por completo estas enseñanzas tempranas, y, hacia el final de su vida, su teoría política se componía de una mezcla de las diversas influencias que habían calado hondo en él. Jamás logró sintetizarlas satisfactoriamente –es una tarea probablemente imposible–, y esto significa que existe una profunda ambigüedad entre los fundamentos participativos de su teoría y algunas de sus propuestas más prácticas para el establecimiento de su "gobierno idealmente mejor".

Pueden encontrarse los ecos del punto de vista utilitario respecto de la función puramente protectora de la participación en la teoría política madura de Mill. Por ejemplo, en *Consideraciones sobre el gobierno representativo* –que expresó los principios "que estuve desarrollando durante gran parte de mi vida"–, Mill sostiene que uno de los peligros más graves de la democracia reside en "el interés siniestro de quienes ostentan el poder; es el peligro de la legislación de clase [...], y una de las preguntas más importantes que exigen consideración [...] es cómo brindar garantías eficaces contra este mal".[35] Sin embargo, para Mill, la noción enunciada por Bentham de "buen gobierno" sólo daba tratamiento a parte del problema. Mill distinguió dos aspectos del bueno gobierno. El primero: "en qué medida promueve la buena gestión de las cuestiones de la sociedad mediante las facultades morales, intelectuales y activas de sus diversos miembros"; este criterio de buen gobierno se relaciona con el gobierno en

[35] Mill (1910), Prefacio y p. 254. Encuéntrese una explicación de ese "desarrollo" en Burns (1957).

tanto "conjunto de acuerdos organizados con vista a los asuntos públicos" (1910: 208, 195). Mill criticó a Bentham por construir su teoría política sobre el supuesto de que este aspecto constituía el todo. Mill escribió en el ensayo sobre Bentham que lo único que este podía hacer

> es nada más que señalar los medios por los cuales, en cualquier estado dado de la mentalidad nacional, puede protegerse el interés material de la sociedad; [...] (su teoría) podrá enseñar los medios para organizar y regular sólo la parte *comercial* que hace a los acuerdos sociales [...] Cometió el error de suponer que la parte *comercial* de los asuntos humanos constituía la totalidad de ellos. (1963: 102. Las cursivas son de Mill).

Según el cálculo de J. S. Mill, el aspecto meramente comercial del gobierno es el menos importante; es fundamental el gobierno en su segundo aspecto, el de "una gran influencia sobre la mente humana"; y el criterio que ha de emplearse para juzgar las instituciones políticas bajo esta luz es "el grado en el cual estas promueven el avance mental general de la comunidad, frase esta que incluye el avance intelectual, de las virtudes y de la actividad práctica y la eficiencia" (1910: 195). Al respecto, la teoría de Bentham nada tiene para decir. Mill considera que el gobierno y las instituciones políticas son educativos en el sentido más amplio del término. Para él, los dos aspectos del gobierno están interrelacionados en cuanto que una condición necesaria del buen gobierno en el primer sentido, el comercial-monetario, consiste en la promoción del tipo adecuado de carácter del individuo, y por este motivo es necesario el tipo adecuado de instituciones (1963: 102). Es fundamentalmente por esta razón –no porque tal forma de gobierno redunde en el interés universal– que Mill considera que el gobierno popular y democrático es el "gobierno idealmente mejor". Entonces, está en contra del despotismo benevolente que, según él señala, podría, si este pudiera verlo todo, asegurar que se llevara a cabo adecuadamente el costado "monetario-comercial" del gobierno porque, como Mill se pregunta, "¿Qué tipo de ser humano podría formarse bajo tal régimen? ¿Qué desarrollo puede lograr su pensamiento o sus facultades activas dentro de tal régimen?

[...] Sus capacidades morales están igualmente atrofiadas. Donde quiera que la esfera de acción de los seres humanos se vea artificialmente circunscripta, su sentir será acotado y estará empequeñecido [...]" (1910: 203-204).

Es sólo dentro de un contexto de instituciones populares y participativas que Mill ve el estímulo para que se genere un tipo de carácter "activo" y con espíritu público. Aquí, nuevamente, encontramos la afirmación básica de los teóricos de la democracia participativa acerca de la interrelación y conexión entre individuos, sus cualidades y características psicológicas, y los tipos de instituciones: que la acción social y política responsable depende en gran medida del tipo de instituciones dentro de las cuales el individuo tiene que actuar políticamente. Al igual que Rousseau, Mill considera que estas cualidades se desarrollan a través de la participación, pero que también existen de antemano, y es de esta forma que el sistema político tiene un carácter autosuficiente.[36] Mill no considera necesario que los ciudadanos realicen los cálculos lógicos y racionales que Schumpeter consideraba imprescindibles. En *Consideraciones sobre el gobierno representativo*, Mill comenta que una forma de gobierno que requiriera principios "elevados" de conducta para motivar a los hombres no sería una forma racional de gobierno, si bien da por sentado que existe un cierto nivel de complejidad política y un espíritu orientado a lo público en los países "avanzados" a los cuales se dirige esta teoría (1910: 253). Mill considera la función educativa de la participación en términos muy similares a los de Rousseau. Sostiene que, cuando el individuo se interesa sólo en sus asuntos personales y no participa en los públicos, entonces se resienten no sólo sus aptitudes para la acción pública responsable –que quedan

[36] Duncan y Lukes (1963: 160) señalan el carácter autosuficiente del sistema, pero dicen que este surge a través de la posesión de derechos jurídicos, que lleva a los hombres a hacerse capaces de ejercerlos y, por ende, de acercarse a la "autonomía moral". Por supuesto, Mill argumenta que es el ejercicio y no la posesión lo que es importante. Sin instituciones participativas, la mera posesión de derechos jurídicos tendría escaso efecto en el carácter.

sin desarrollarse–, sino su capacidad de proteger su propio interés. "El hombre jamás piensa en el interés colectivo, en ningún objetivo que pueda obtener junto con otros; sólo piensa en función de la competencia con los demás, y en lograr algo a expensas de estos" (1910: 217). La "ocupación privada que reporta dinero", ejercida por gran parte de los individuos, hace que estos empleen pocas de sus facultades y suele "restringir su atención e interés exclusivamente a sí mismos y sus familias; esto los hace indiferentes a los asuntos públicos [...] y los lleva a preocuparse excesivamente por su comodidad personal, egoísta y cobardemente" (1963: 230). Sin embargo, toda la situación cambia cuando el individuo puede participar en los asuntos públicos; Mill, al igual que Rousseau, consideraba que, en este caso, el individuo se vería "obligado" a ampliar sus horizontes y a tomar en consideración el interés público. Es decir, tiene que "sopesar intereses distintos de los suyos; ser guiado, en el caso de demandas en conflicto, por otra regla que no sea su propia parcialidad; aplicar, a cada paso, principios y máximas que tengan el bien común como razón de ser" (1910: 217).

Hasta aquí, se ha demostrado que la teoría de Mill refuerza la hipótesis de Rousseau sobre la función educativa de la participación, pero hay otra faceta de su teoría que agrega una nueva dimensión a tal hipótesis, una dimensión necesaria si esta teoría ha de aplicarse a una sociedad de gran escala. Ya cité varios pasajes de una de las revisiones realizadas por Mill de *La democracia en América*, de Alexis de Tocqueville. Esta obra fue una influencia decisiva en la teoría política de Mill, en particular en la parte que se refiere a las instituciones políticas locales.[37] Mill estaba muy impresionado con la exposición de Tocqueville sobre la centralización y los peligros intrínsecos al desarrollo de una sociedad de masas (peligros que hoy conocemos gracias a los sociólogos modernos, también impresionados por tal análisis). En *Principios de economía política*, Mill declara que "una constitución democrática no respaldada por instituciones democráticas,

[37] Véanse Mill (1924: 162-164) y Robson (1968: 106).

sino limitada al gobierno central, no sólo no es libertad política, sino que, con frecuencia, expresa precisamente lo contrario".[38] En su revisión del volumen II de la obra de Tocqueville, Mill sostiene que no tiene sentido que haya sufragio universal y participación en el gobierno nacional si el individuo no ha sido preparado a nivel local para esta participación; es a este nivel donde aprende cómo regirse". Un acto político que se realiza una vez cada cierta cantidad de años, y para el cual el ciudadano no ha sido preparado mediante ningún hábito cotidiano, deja su intelecto y disposición moral tal como los encontró" (1963: 229). En otras palabras, para que los individuos de los grandes Estados sean capaces de participar efectivamente en el gobierno de la "gran sociedad", las cualidades necesarias subyacentes a esta participación deben ser promovidas y desarrolladas en el nivel local. Así, para Mill, es al nivel local donde tiene lugar el verdadero efecto educativo de la participación, donde no sólo las cuestiones tratadas afectan de manera directa al individuo y su vida cotidiana, sino donde, además, este tiene mayores chances de ser electo para desempeñar una función en algún organismo local (1910: 347-348). Es participando en el nivel local donde el individuo "aprende democracia". "No aprendemos a leer ni a escribir, ni a cabalgar ni a nadar, con la mera instrucción de cómo hacerlo, sino haciéndolo; entonces, es sólo practicando el gobierno popular a escala limitada que la gente aprenderá de qué manera ejercerlo a gran escala" (1963: 186).

En toda sociedad a gran escala será necesario un gobierno representativo, y es aquí donde surge una dificultad; ¿son las propuestas prácticas de Mill sobre representación compatibles con el rol fundamental que él asigna a la función educativa de la participación en su teoría? En sus propuestas prácticas, no toma con la debida seriedad sus propios argumentos sobre participación; esta circunstancia se debe en gran medida a sus ideas sobre el estado "natural" de la sociedad, que se encuentran mezcladas con el resto de su teoría social y política.

---

[38] Mill (1965), libro V, capítulo XI, párrafo 6, p. 944.

Bentham y James Mill consideraban que la educación, en el sentido más acotado y "académico" del término, era la principal vía para asegurar una participación política responsable de parte de las "clases numerosas"; por su parte, John Stuart Mill jamás rechazó realmente este punto de vista. Una de las principales preocupaciones de Mill era cómo podía lograrse un sistema político donde el poder estuviera en manos de una élite, la élite educada –en el sentido acotado–. Pensaba que un intelecto bien cultivado solía estar acompañado de "prudencia, templanza y justicia, y de todas las virtudes que son importantes en nuestra relación con los demás".[39] Eran las personas ya bien educadas –los "instruidos"– los considerados por Mill como "los más sabios y los mejores" hombres, y quienes pensaba que debían ser elegidos para los cargos políticos en todos los niveles. Consideraba que la democracia era inevitable en el mundo moderno; el problema era organizar de tal forma las cosas que las instituciones políticas democráticas fueran compatibles con el estado "natural" de la sociedad, un estado en el que "el poder terrenal y la influencia moral estén ejercidos habitualmente por las personas más aptas con que cuente el estado existente de la sociedad", y donde la "multitud" tenga fe en la minoría "instruida" que gobernará (Mill, 1963: 17).[40] Corresponde señalar que Mill no quería una situación en la que la multitud fuera deferente en el sentido irreflexivo y habitual de la palabra. Más aun, pensaba que había pasado el tiempo en que tal cosa habría sido posible: "los pobres se han desembarazado de los cordeles que los manejaban [...]; cualquier consejo, exhortación u orientación que se ofrezca a las clases trabajadoras debe, por lo tanto, serles dado como iguales, y aceptado por ellos con los ojos abiertos".[41] La élite debía ser responsable frente a la multitud, y

[39] Citado en Robson (1967: 210).

[40] Mill contrasta este estado con el estado presente, un estado de "transición", donde las viejas instituciones y doctrinas han sido "superadas", y donde la multitud ha perdido su fe en los instruidos y está "sin guía" (p. 3).

[41] Mill (1965), libro IV, capítulo VII, párrafo 2, p. 763.

era la conciliación entre el gobierno de la élite y la responsabilidad que esta debía evidenciar lo que Mill vio como la "enorme dificultad" en la política.[42] Su respuesta a este problema da lugar a la ambigüedad en su teoría de la participación.

De la teoría de Mill sobre la función educativa de la participación uno esperaría que su respuesta a este problema fuera la siguiente: que debería otorgarse una cantidad máxima de oportunidades a las clases trabajadoras de participar a nivel local; de esta forma, estas podrían desarrollar las cualidades y habilidades necesarias para evaluar las actividades de los representantes y hacerlos rendir cuentas de sus acciones. Pero Mill no dice nada al respecto. Sus propuestas prácticas para lograr un sistema político "natural" pero ideal son muy diferentes. Mill distinguió entre la "verdadera democracia" –que otorga representación a las minorías (y para este fin Mill apoyó con entusiasmo el esquema de representación proporcional de Hare)– y el sistema ideal. La primera no resolvía el problema de asegurar que su educada élite tuviera una influencia preponderante; el sistema ideal sólo podría concretarse bajo un sistema de voto plural basado en los logros educativos, "si bien todos deberían tener voz; que todos deban tener una voz igualitaria es una propuesta totalmente diferente" (Mill, 1910: 283).[43] Así, Mill rechaza el argumento de Rousseau de que, para que haya una participación efectiva, es necesaria la igualdad política. Mill también usa implícitamente una definición diferente de "participación" respecto de la que empleaba Rousseau, porque pensaba que ni siquiera los representantes electos debían legislar, sino sólo aceptar o rechazar la legislación preparada por una comisión especial

[42] Véase Hamburger (1965: 86). El énfasis que pone Mill en la minoría instruida ilustra cuán fuera de lugar está la acusación formulada por Schumpeter de que los teóricos "clásicos" hicieron caso omiso de los dirigentes.

[43] En su *Autobiografía*, Mill admitió que la propuesta del voto plural no encontró acogida en nadie (1924, p. 218).

designada por la Corona, dado que el trabajo que les corresponde a los representantes es el debate (1910: 235, ss.).

Otra ilustración de este punto es el comentario de Mill sobre la forma que debería adoptar el sufragio ideal. Argumenta que es "a través del debate político que el trabajador manual, cuyo empleo es pura rutina, y cuyo medio de vida no lo pone en contacto con una variedad de impresiones, circunstancias ni ideas, recibe la enseñanza de que las causas remotas y los sucesos que tienen lugar muy lejos tienen un efecto muy palpable incluso en sus intereses personales " (1910: 278).

Se podría plantear la pregunta, junto con las propuestas prácticas de Mill para el logro del gobierno idealmente mejor y su definición implícita de participación, de si la participación tendría el efecto educativo que él postulaba. El punto importante sobre el paradigma de Rousseau de participación directa es que el proceso participativo se organizaba de forma tal que los individuos estaban, por así decirlo, psicológicamente "abiertos" a sus efectos. Pero nada de esto existe en Mill. La mayoría queda etiquetada por el sistema de sufragio como "inferiores políticos" y no puede resistir la implementación de políticas desventajosas; si una élite predeterminada ha de obtener poder político, ¿por qué debería la mayoría estar siquiera un poco interesada en el debate? Mill parece no darse cuenta de las incongruencias de los diversos elementos de su teoría, pero es difícil ver cómo este tipo de participación ha de cumplir el papel asignado. Ni siquiera con el sufragio universal y la toma de decisiones por parte de los representantes se generaría un entorno "fuertemente" educativo como el que sí existe en el sistema participativo directo de Rousseau; el problema de hasta dónde podría replicarse su modelo en las condiciones modernas será tratado en párrafos siguientes. Aquí debería señalarse que el nivel político local, que para Mill tiene un rol educativo crucial, podría dar lugar a la participación directa en la toma de decisiones.

El énfasis en las instituciones políticas locales no es la única extensión que Mill hace a la hipótesis sobre el efecto educativo de la participación; pero antes de exponer este otro aspecto, es útil señalar que Mill concuerda con Rousseau sobre las otras dos funciones de la participación. Todo el argumento sobre la "deferencia crítica" de la multitud se apoya en parte en la sugerencia de que la participación promueve la aceptación de decisiones; y recuérdese que Mill específicamente señala la función integradora de la participación. Sostiene que, a través del debate político, el individuo "se convierte conscientemente en miembro de una gran comunidad" (1910: 279), y que, cuando tiene algo para hacer por el público, se le hace sentir "no sólo que el bienestar común es su bienestar, sino que en parte depende de sus acciones" (1963: 230).

Tal vez el aspecto más interesante de la teoría de Mill es una expansión de la hipótesis acerca del efecto educativo de la participación para que contemple toda una nueva área de la vida social: la industria. En sus obras tardías, llegó a la conclusión de que la industria era otra área en la que el individuo podía obtener experiencia en el manejo de los asuntos colectivos tanto como en el gobierno local. Vio el valor real de las diversas teorías sobre el socialismo y la cooperación que se presentaban en su época –y que a veces llegaban a aplicarse– como potenciales medios de educación. Como podría esperarse, sospechaba de aquellos esquemas, que eran de carácter centralista; como señala Robson, Mill, en *Capítulos sobre el socialismo*, da su aprobación a "los esquemas socialistas que dependen de la organización voluntaria en las pequeñas comunidades, y que consideran la aplicación nacional de sus principios sólo a través de la automultiplicación de las unidades" (1968: 245). En tal forma de organización podría haber lugar para la participación generalizada. Mill consideró que las formas cooperativas de organización industrial llevaban a una "transformación moral" de quienes tomaban parte de ellas –también pensó que serían más productivas, pero tal circunstancia era en parte resultado de dicha "transformación"–. Una organización cooperativa conduciría, según su visión, a una "rivalidad amistosa en busca de un bien común para todos;

la elevación de la dignidad de la mano de obra; un nuevo sentido de seguridad e independencia en la clase trabajadora; y la conversión de la ocupación diaria de cada ser humano en una escuela para la afinidad social y la inteligencia práctica".[44] De la misma forma que la participación en el gobierno del interés colectivo en la política local educa al individuo en la responsabilidad social, la participación en la gestión del interés colectivo de toda organización industrial promueve y desarrolla las cualidades que el individuo necesita para las actividades públicas. Dice Mill que "ningún suelo" podría ser más apto para que el individuo aprenda a sentir "el interés público como propio" que la "asociación comunista".[45] De la misma manera que consideraba que la democracia era inevitable en el mundo moderno, veía como inevitable alguna forma de cooperación en la industria; en ese momento, en que las clases trabajadoras se habían desembarazado de "los cordeles que las manejaban" la relación entre empleador y empleado no podría mantenerse en el largo plazo, se imponía alguna forma de cooperación. En *Principios de economía política*, Mill discute sobre la forma que podría tomar esta cooperación, y llega a la conclusión de que, "si el género humano ha de seguir mejorando", entonces, al final, predominará una forma de asociación, "no la forma que puede existir entre el capitalista como jefe y los trabajadores sin voz en la gestión empresaria, sino la asociación de los trabajadores mismos en cuanto a igualdad, propiedad colectiva del capital con el cual llevan adelante el funcionamiento de la empresa, y trabajo a las órdenes de gerentes elegidos y destituibles por los trabajadores mismos".[46]

Así como la participación en el gobierno local es una condición necesaria para la participación a nivel nacional debido a su efecto edu-

---

[44] Mill (1965), libro IV, capítulo VII, párrafo 6, p. 792.

[45] Mill (1965), libro II, capítulo I, párrafo 3, p. 205. Mill utiliza la palabra "comunista" en un sentido más general que el que empleamos hoy en día.

[46] Mill (1965), libro IV, capítulo VII, párrafo 6, p. 775. Véanse también los párrafos 2, 3 y 4.

cativo o "virtuoso", Mill sugiere que la participación en el "gobierno" del lugar de trabajo podría tener el mismo impacto. Las implicancias de los argumentos de Mill sobre la importancia de la educación suelen ser pasadas por alto; pero, pese a ello, son de gran significación para la teoría democrática. Si ha de ser posible tal participación en el lugar de trabajo, entonces, la relación de autoridad en la industria debería pasar de la usual relación de superioridad y subordinación –entre los gerentes y el resto del personal– a una de cooperación o igualdad con los gerentes –el gobierno de la empresa–, que serían elegidos por todos los empleados, de la misma forma en que se eligen los representantes en el nivel local. Es decir, las relaciones políticas en la industria, usando la palabra "políticas" en el sentido amplio, deberían ser democráticas. Y es posible ir un poco más allá: el argumento de Mill sobre el efecto educativo de la participación en el gobierno local y en el lugar de trabajo podría generalizarse hasta contemplar el efecto de la participación en todas las estructuras de autoridad –o sistemas políticos– de "nivel más bajo". Es porque esta hipótesis general puede obtenerse de estas teorías que me he referido a estos autores como "teóricos de la sociedad participativa". Puede verse la sociedad como un todo compuesto por varios sistemas políticos cuya estructura de autoridad tiene un efecto importante sobre las cualidades y actitudes psicológicas de los individuos que interactúan dentro de ellos; así, para que funcione un gobierno democrático a nivel nacional, las cualidades necesarias de los individuos sólo pueden desarrollarse a través de la democratización de las estructuras de autoridad en todos los sistemas políticos.

También podríamos señalar en este punto que hay otra dimensión en esta teoría de la participación. Además de su importancia como instrumento educativo, la participación en el lugar de trabajo –un sistema político– puede ser considerada en sí misma como participación política. Así, la industria y otras esferas brindan espacios alternativos donde el individuo puede participar en la toma de decisiones sobre cuestiones respecto de las cuales tiene experiencia cotidiana y de primera mano; de esta forma, cuando nos referimos a "democracia participativa" señalamos algo mucho más amplio que un conjunto de "acuerdos institucionales" a nivel nacional. Esta visión amplia de la democracia puede encontrarse en la teoría política de G. D. H. Cole, a la cual nos referiremos ahora.

Exponer sobre la teoría de Cole –y aquí trataremos sólo sus primeros escritos– es de particular interés porque no sólo está ubicada en el contexto de una sociedad moderna e industrializada, sino que es, en gran medida, una teoría *de* tal sociedad. Los comentarios que Mill realizó sobre la participación en la industria, si bien arrojan luz a nuestros propósitos, fueron periféricos al grueso de su teoría social y política; pero para Cole es la industria la que tiene la llave que abrirá la puerta a un verdadero gobierno democrático. En su teoría del socialismo corporativo, Cole creó un esquema detallado sobre cómo debía organizarse una sociedad participativa y cómo debía dársele vida, lo cual es de considerable interés intrínseco, si bien nos interesarán los principios que subyacen a este esquema más que el esquema mismo. Otro aspecto significativo de la obra de Cole de este período fue la enorme influencia de Rousseau. También registró otras influencias, como William Morris y Marx, pero cita con frecuencia a Rousseau; el espíritu de este pensador es omnipresente en su obra, y muchos de los conceptos básicos de Cole surgen de él. Ésta es una razón adicional para examinar su obra. Las discusiones sobre la teoría política de Rousseau suelen llegar a la conclusión de que esta, hoy en día, ha dejado de tener vigencia –y a veces hasta se sugiere que su influencia ha sido perniciosa–. Ya he sostenido que la teoría de Rousseau brinda el punto de partida y el material básico para cualquier exposición sobre teoría participativa de la democracia, y la de Cole es un intento de trasladar las reflexiones de la teoría de Rousseau a un entorno moderno.

La teoría social y política de Cole está construida sobre el argumento de Rousseau de que la voluntad y no la fuerza es la base de la organización social y política. Los hombres deben colaborar en asociaciones a fin de satisfacer sus necesidades, y Cole comienza por mirar los "motivos que unen a los hombres en estado de asociación" y la "forma en que los hombres actúan a través de asociaciones en suplemento o complemento de sus acciones como individuos aislados o particulares" (1920a: 6, 11). Para traducir la voluntad de estos hombres en acción de forma tal que no infrinja su libertad individual, Cole sostiene que deben participar en la organización y en la regulación de sus asociaciones. La idea de participación es central en su teoría. Dice, repitiendo la crítica de Mill a la teoría política de Bentham: "Supongo que el objeto de la organización social no es meramente la eficiencia material, sino también, y esencialmente, la más plena autoexpresión de todos los miembros". La autoexpresión "implica el autogobierno", y esto significa que debemos "convocar la participación plena del pueblo en la dirección común de los asuntos de la comunidad" (1920a: 208). Esta situación, a la vez, implica la más plena libertad de todos los miembros, porque "la libertad es encontrar una expresión perfecta" (1918: 196). Cole dice también –de nuevo, siguiendo a Rousseau– que el individuo es "plenamente libre cuando colabora con sus iguales en la preparación de las leyes" (Cole, 1919: 182).[47]

La teoría de Cole es una teoría de asociaciones. La sociedad que él definió es un "complejo de asociaciones unidas por la voluntad de los miembros" (Cole, 1920b: 12).[48] Si el individuo ha de autorregirse, entonces no sólo tiene que ser capaz de participar en la toma de decisiones de todas las asociaciones de las cuales sea miembro, sino que las asociaciones mismas deben ser libres de controlar sus propios asuntos

[47] Pero Cole no aceptó que la libertad consistiera en obedecer esas leyes; consideró que las leyes eran "el andamiaje de la libertad humana; pero no son parte del edificio" (1918: 197).

[48] Tal vez debería señalarse que Cole no consideró que toda la vida del individuo estuviera incluida en estos grupos. Gran parte de la vida de este individuo, y algunos de sus aspectos más valiosos, encuentran expresión fuera de la asociación; el individuo es "el pivote sobre el cual gira la totalidad del sistema de las instituciones porque él solo tiene en él los diversos propósitos de las diversas instituciones, unidos en una única personalidad" (1918: 191).

–Cole consideraba que la interferencia del Estado era un gran peligro en este punto–, y que si tales asociaciones iban a autogobernarse en este sentido, entonces debían ser aproximadamente igualitarias en cuanto a poder político. En *El mundo del trabajo*, Cole sostiene que la supresión de los grupos en la Revolución francesa fue un accidente histórico debido a los privilegios que en ese momento tenían, y que "al reconocer que donde debe haber asociaciones particulares estas deben igualarse homogénamente, Rousseau admite que el principio del grupo es inevitable en el gran Estado. Entonces, podemos considerar que la nueva filosofía de los grupos lleva en sí los auténticos principios igualitarios de la Revolución francesa" (1913: 23).

Esta teoría de las asociaciones se vincula con su teoría de la democracia a través del principio de "función", "el principio subyacente de la organización social" (1920a: 48). Cole pensaba que "la democracia sólo es real cuando se la concibe en cuanto a función y propósito", y la función de toda asociación se basa en el propósito para la cual se formó (1920b: 31). Todas las asociaciones que "se proponen un objetivo que supere la más rudimentaria simplicidad se encuentran obligadas a asignar tareas y deberes –y con ellos, facultades y cierto grado de autoridad– a algunos de sus miembros a fin de que se concrete efectivamente el objetivo general" (1920a: 104). Es decir, el gobierno representativo –en el sentido más amplio de "gobierno"– es necesario en la mayor parte de las asociaciones. Según el punto de vista de Cole, las formas existentes de representación constituyen una falsedad por dos motivos. Primero, porque se ha soslayado el principio de "función"; se ha cometido el error de dar por sentado que es posible que un individuo sea representado en su totalidad y a todos los efectos en lugar de ser representado en relación con alguna función bien definida. Segundo, porque, en virtud de las instituciones parlamentarias existentes, el elector no tiene alternativa real respecto de su representante ni control sobre él y, además, el sistema le niega el derecho al individuo de participar porque "habiendo elegido a su representante, al hombre común, según esa teoría, no le queda nada salvo dejar que otra gente lo gobierne". Por otra parte, todo sistema de representación funcional implica "la participación constante del hombre común en la conducción de aquellas partes de la estructura de la sociedad que le competen directamente, y que, por lo tanto, tiene mayores chances de comprender" (Cole, 1920a: 114).[49]

Así, en la teoría de Cole se traza una distinción entre la existencia de "acuerdos institucionales" representativos a nivel nacional, por un lado, y democracia, por otro. Para esta última, el individuo debe ser capaz de participar en todas las asociaciones en las cuales está involucrado; es decir, es necesario contar con una sociedad participativa. El principio democrático, según Cole, debe aplicarse "no sólo ni principalmente a una esfera especial de la acción social conocida como 'política', sino a cualquier forma de acción social y en especial a los asuntos industriales y económicos tanto como a los asuntos políticos" (1920b: 12). Esta noción se encuentra de hecho implícita en la "nueva filosofía de los grupos" de Cole, que este creó sobre las bases dispuestas por Rousseau, porque aplica los razonamientos de este último sobre las funciones de la participación a la organización interna de todas las asociaciones y organizaciones. Por lo tanto, para Cole, al igual que para Mill, la función educativa de la participación es crucial, y también enfatiza que los individuos y sus instituciones no pueden considerarse aislados entre sí. En *Guild Socialism Restated*, afirma que, si la teoría del socialismo corporativo fue, en gran parte, una teoría de las instituciones, no lo fue porque

> la teoría del socialismo corporativo crea que la vida de los hombres está comprendida en la maquinaria social de estos, sino porque la maquinaria social –que es buena o mala, armoniosa o discordante con los deseos y los instintos humanos– es el medio para promover o para cercenar la expresión de la personalidad humana. Si, como pensaba Robert Owen, el entorno no forma los caracteres en un sentido absoluto, sí dirige y desvía el carácter hacia formas divergentes de expresión. (1920b: 25)

---

[49] Véanse también las páginas 104-106.

Al igual que Mill, Cole sostenía que era sólo a través de la participación a nivel local y en asociaciones locales que el individuo podía "aprender democracia". "Sobre el vasto mecanismo de la política moderna, el individuo no tiene control, no porque el Estado sea demasiado grande, sino porque no se le da la oportunidad de aprender los rudimentos del autogobierno dentro de una unidad más pequeña" (1919: 157). En realidad, en este punto ha soslayado en gran medida los efectos de sus propios argumentos; el hecho de que el Estado moderno *sea* tan grande es una razón importante para permitir que el individuo participe en espacios políticos "alternativos" de la sociedad; los escritos de Cole muestran que estaba bien al tanto de este hecho.

Sin embargo, el punto importante es que, según su perspectiva, la industria suministraba el escenario para que se produjera el efecto educativo de la participación; porque es en la industria donde, fuera del gobierno, el individuo se involucra en su mayor medida en relaciones de superioridad y subordinación, ya que el hombre común pasa gran parte de su vida en el trabajo. Fue por esta razón que Cole exclamó que la respuesta que la mayor parte de la gente le dará la pregunta "¿cuál es el mal fundamental de nuestra sociedad moderna?" sería una respuesta equivocada: "Responderían que es la POBREZA, cuando deberían responder que es la ESCLAVITUD" (1919: 34). Los millones que habían recibido el derecho a voto, que habían recibido formalmente los medios para autorregirse, en realidad habían sido "entrenados para el servilismo", y este entrenamiento había tenido lugar, en su mayor parte, durante el curso de sus ocupaciones diarias. Cole sostenía que "el sistema industrial [...] es en gran medida la clave de la paradoja de la democracia política. ¿Por qué son los muchos nominalmente supremos, pero, en realidad, son impotentes? En gran medida, porque las circunstancias de sus vidas no los acostumbran ni los hacen aptos para el poder ni la responsabilidad. El sistema servil de la industria inevitablemente se refleja en el servilismo político" (1918: 35). Sólo si el individuo pudiera hacerse autogestivo en el lugar de trabajo, sólo si la industria estuviera organizada sobre una base participativa, podría este entrenamiento para el servilismo convertirse en entrenamiento para la democracia, y el individuo lograría conocer bien los procedimientos democráticos y desarrollar el necesario "carácter democrático" para conseguir un efectivo sistema de democracia a gran escala.[50]

Para Cole, al igual que para Rousseau, no podía haber igualdad de poder político sin una dosis sustancial de igualdad económica; además, su teoría nos brinda algunas indicaciones interesantes sobre de qué manera podía lograrse en una sociedad moderna la igualdad económica de la sociedad ideal de Rousseau, la de los pequeños propietarios rurales. Según la opinión de Cole, "la democracia abstracta de la urna" no conllevaba una verdadera igualdad política; la igualdad de la ciudadanía implicada en el sufragio universal era sólo formal y ocultaba el hecho de que el poder político se repartía de manera muy desigual. Decía Cole que "los demócratas teóricos" hacían caso omiso "del hecho de que las enormes desigualdades en cuanto a riqueza y rango social, que surgen de las enormes desigualdades en cuanto a educación, poder y control del entorno, son necesariamente fatales para cualquier democracia real, tanto en la política como en cualquier otro ámbito" (Cole, 1920b: 14).[51]

Una de las principales objeciones de Cole a la organización capitalista de la industria era que, en virtud de dicha organización, la mano de obra era nada más que otro bien básico y, por lo tanto, se negaba la "humanidad" de esta mano de obra. En virtud del sistema socialista corporativo, esta

[50] En todos los escritos de Cole sobre la necesidad de una sociedad participativa está implícita la hipótesis de que la participación producirá un efecto integrador. Esta hipótesis subyace sus muchas referencias a la "comunidad" y la importancia que él atribuye a las instituciones locales participativas donde los hombres pueden aprender el "espíritu social". En el ámbito industrial, es la base del supuesto de que la nueva forma de organización conduciría a la colaboración y a la hermandad en una comunidad de trabajadores en lugar del habitual conflicto industrial. Véase Cole (1920a: 169) y (1920b: 45).

[51] Véase también (1913: 421).

humanidad sería plenamente reconocida, lo cual significaría "sobre todo, el reconocimiento del derecho [...] a la igualdad de oportunidades y de rango social" (1918: 24). Es esto último lo que importa realmente; sólo con la equiparación de rango podría existir la igualdad de independencia que, como hemos visto en la exposición sobre la teoría de Rousseau, es crucial para el proceso de participación. Cole pensaba que habría un movimiento hacia la equiparación de los ingresos, y la igualdad definitiva surgiría a través de la "destrucción de la idea de remuneración por trabajo realizado" (1920b: 72-73), pero la abolición de las distinciones en cuanto a rango juega un papel más importante en su teoría. En parte, esto se alcanzaría a partir de la socialización de los medios de producción en virtud de un sistema socialista corporativo porque, entonces, las clases quedarían abolidas –por definición, Cole utilizó el término en el sentido marxista–; pero otros dos factores eran de mayor importancia –práctica–. En virtud del sistema participativo, ya no habría un grupo de "gerentes" y un grupo de "trabajadores", carente este último de control respecto de los asuntos de la empresa, sino un solo grupo de personas que tomarían decisiones en pie de igualdad. En segundo lugar, Cole vislumbró una organización participativa en la industria que llevara a la abolición del miedo al desempleo por parte del hombre común, y de forma concordante a la abolición de la otra distinción de rango: la desigualdad en la certeza de contar con un empleo.

Sin embargo, si bien la teoría democrática de Cole se basa en el establecimiento de esta igualdad de rango en la industria, él era –pese a los imperativos de Schumpeter en este sentido– muy consciente del problema de la conservación de la dirigencia en el marco de tal sistema democrático, y pensaba que el principio de "función" brindaba una respuesta. Si la representación –la dirigencia– se organizaba sobre una base funcional, entonces era posible contar con "representantes" más que con "delegados". Esto último se presentaba como necesario porque parecía ser la única forma en que el electorado podía ejercer el control, dado que "apenas los votantes hubieran emitido su voto, su existencia como grupo expiraría hasta el momento en que se requiriera una nueva elección". A diferencia de esta situación, las asociaciones funcionales pueden tener una existencia continua y, por lo tanto, aconsejar continuamente, criticar y, de ser necesario, revocarles el mandato a los representantes. También ostentan el mérito adicional de que "no sólo será elegido el representante para hacer un trabajo sobre el cual sabe algo, sino que será elegido por personas que también saben algo de dicho trabajo" (Cole, 1920b: 110-113).[52]

Si bien Cole consideraba que la "eficiencia material" sólo era un objeto de la organización social y política, pensaba que la sociedad participativa sería superior también en este aspecto. Bajo condiciones de seguridad e igualdad económica, el afán de lucro –el afán de "codicia y miedo"– sería reemplazado por el afán de servicio gratuito, y los trabajadores verían que sus esfuerzos redundan en el beneficio de toda la comunidad. Pensaba que existían grandes reservas desaprovechadas de energía e iniciativa en el hombre común, que un sistema participativo despertaría y que era el autogobierno lo que constituía la clave de la eficiencia. Los trabajadores jamás serían convencidos de dar lo mejor de sí "bajo un sistema que, desde cualquier punto de vista moral, es totalmente indefendible" (Cole, 1919: 181; 1920c: 12).[53]

El principal interés para nuestro objetivo dentro del plan específico de Cole de autogobierno en la fábrica y en otros ámbitos, el socialismo corporativo, es que nos brinda la noción enunciada por un hombre, en gran detalle, de cómo debería ser la sociedad participativa. Cole plan-

---

[52] Tal sistema encontrará las objeciones que con frecuencia se plantean respecto de la dosis de "racionalidad" que el sistema democrático le solicita al votante. Carpenter (1966) ha sostenido que Cole no se percató de los pensamientos de su época sobre los elementos irracionales de la conducta humana. Sea como sea, Cole, al igual que otros teóricos de la sociedad participativa, opinó que la "racionalidad" se adquiría –al menos, en parte– a través del proceso participativo.

[53] Pueden encontrarse ciertas críticas al socialismo corporativo desde un punto de vista económico en Glass (1966) y en Pribicevic (1959).

teó varias versiones, pero la más pluralista en el plano teórico ha de encontrarse en *Guild Socialism Restated,* sobre la cual se basa este breve relato (Cole, 1920b).[54] La estructura del socialismo corporativo se organizaba, vertical y horizontalmente, desde de las bases hacia arriba, y era participativa en todos los niveles y en todos sus aspectos. La estructura vertical debía ser de índole económica porque las funciones políticas y económicas de la sociedad estarían separadas sobre la base de principios funcionalistas. En lo que respecta al costado económico, la producción y el consumo también se diferenciaban.[55] Lo que habitualmente se piensa como "gremios" iba a ser, en realidad, la unidad de organización en cuanto al costado productivo. En la esfera económica, Cole también propuso la creación de cooperativas de consumidores, consejos de servicios –para la provisión de gas y otros–, gremios cívicos que se ocuparan de la salud, la educación, etcétera, y consejos culturales para "expresar el punto de vista cívico", además de cualquier otro cuerpo *ad hoc* que pudiera resultar necesario en algún área en particular. El taller o la fábrica iban a ser la "unidad fundamental" del gremio y, de forma similar, la unidad de base de cada consejo, etcétera, iba a ser lo suficientemente pequeña como para permitir la máxima participación de todos. Cada gremio elegiría representantes para los estratos más altos de la estructura vertical –los

---

[54] Puede encontrarse un relato del desarrollo del socialismo corporativo y una exposición general de su teoría –Cole fue sólo uno de los involucrados– en Glass (1966). Se ha cuestionado si el plan de Cole habría resultado ser tan "pluralista" como él pretendía. Pensaba que una vez que el socialismo corporativo comenzara a funcionar, el Estado gradualmente "se marchitaría" por falta de una función real, pero se ha sostenido que su Comuna Nacional, el nuevo cuerpo "coordinador", se habría convertido, en sus aspectos esenciales, en un Estado con nuevo nombre.

[55] Fue sobre esta última división que Cole difirió de los colectivistas y de los defensores de la cooperación porque ninguno de ellos permitía el derecho del productor al autogobierno, y disintió de los sindicalistas porque estos no admitían que los consumidores necesitaban una representación especial.

gremios y consejos locales y regionales–, y al nivel más alto para el Congreso de Gremios Industriales –o su equivalente–.

El objetivo de la estructura –política– horizontal era el de dar expresión al "espíritu comunitario de toda la sociedad". Cada pueblo o zona rural tendría su propia comuna, donde la unidad básica sería el distrito, para permitir, insisto, la máxima participación individual, y los representantes serían elegidos de los gremios y de cualquier otro cuerpo local para la comuna, tomando siempre el distrito como base. El siguiente estrato horizontal estaría compuesto por comunas regionales que unirían los gremios de pueblo y zona rural con los gremios regionales; y en la cúspide se encontraría la Comuna Nacional que, según lo concebía Cole, sería un cuerpo puramente coordinativo; no sería continuo ni en el plano funcional, ni en el histórico, ni en el estructural con el Estado existente.

Los méritos o desventajas específicos de este esquema no nos interesan aquí; como Cole mismo dijo, "los principios que subyacen al socialismo corporativo son mucho más importantes que las formas reales de organización concebidas por los socialistas corporativos" (1920c: 7), y son estos principios los que nos interesan: los que subyacen a la teoría de la democracia participativa y la cuestión de la vigencia empírica que tienen en nuestros días.

La enorme diferencia que existe entre las teorías de la democracia expuestas en este capítulo y las teorías de aquellos autores a los que hemos llamado los "teóricos del gobierno representativo" hace difícil entender cómo ha sobrevivido durante tanto tiempo el mito de la existencia de una teoría "clásica" de la democracia y cómo fue que este mito se propagó tan vigorosamente. Las teorías sobre la democracia participativa que se examinaron aquí no fueron sólo ensayos prescriptivos –como con frecuencia se afirma–; más bien, ofrecen sólo "planes de acción y prescripciones específicas" para un cambio hacia un gobierno –verdaderamente– democrático, planes y prescripciones estos que, según se ha sugerido, nos hacen falta. Pero tal vez la crítica más extraña es la que afirma que aquellos primeros teóricos no estaban interesados, como dice

Berelson, en los "rasgos generales necesarios para que las instituciones (políticas) funcionen como se requiere", y que dichos teóricos hicieron caso omiso del sistema político total en sus obras. Es bien claro que es precisamente esto lo que les interesaba. Si bien en aquellas teorías la variable identificada como crucial para el establecimiento y mantenimiento de un sistema político democrático –las estructuras de autoridad de las esferas no gubernamentales de la sociedad– es exactamente la misma que señala Eckstein en su teoría de la democracia estable, la conclusión que extrajeron de ella los teóricos clásicos y contemporáneos de la democracia es enteramente diferente. Para emprender una evaluación de estas dos teorías de la democracia, enunciaré ahora, brevemente –en forma similar a la teoría contemporánea de la democracia consignada antes–, una teoría participativa de la democracia, extraída de las tres teorías que acabo de exponer.

La teoría de la democracia participativa se construye alrededor de la idea central de que los individuos y sus instituciones no pueden considerarse aislados unos de otros. La existencia de instituciones representativas a nivel nacional no es suficiente para la democracia; para que exista máxima participación de todo el pueblo a ese nivel, debe existir la socialización, el "entrenamiento social", porque la democracia debe tener lugar en otras esferas a fin de que se puedan desarrollar en el individuo las actitudes y cualidades psicológicas necesarias. Este desarrollo tiene lugar a través del proceso mismo de participación. La principal función de la participación en la teoría de la democracia participativa es, por lo tanto, una función educativa, en el sentido más amplio de la palabra, lo cual incluye tanto el aspecto psicológico como la obtención de práctica en materia de capacidades y procedimientos democráticos. Por lo tanto, no existe un problema particular respecto de la estabilidad de los sistemas participativos; estos son autosuficientes gracias al impacto educativo del proceso participativo. La participación desarrolla y estimula las cualidades necesarias para este proceso participativo; cuanto más participan los individuos, más capaces son de hacerlo. Las hipótesis subsidiarias sobre la participación dicen que esta produce un efecto integrador y que promueve la aceptación de las decisiones colectivas.

En consecuencia, para que exista un gobierno democrático es necesario que exista una sociedad participativa, es decir, una sociedad donde se hayan democratizado todos los sistemas políticos y donde la socialización a través de la participación pueda tener lugar en todas las áreas. El área más importante es la industria; la mayoría de las personas pasa gran parte de su vida en el trabajo, y los asuntos en el lugar de trabajo suministran una educación en materia de gestión de cuestiones colectivas que es difícil de encontrar en otro sitio. El segundo aspecto de la teoría de la democracia participativa es que esferas tales como la industria deben ser vistas como sistemas políticos en sí mismos que ofrecen espacios de participación adicionales a la política nacional. Si los individuos han de ejercer la dosis máxima de control sobre sus propias vidas y entorno, entonces, las estructuras de autoridad de dichas áreas deben estar organizadas de tal forma que estos puedan participar en la toma de decisiones. Una razón más para darle un lugar central a la industria en la teoría se relaciona con el alto grado de igualdad económica requerido para dotar al individuo de la independencia y la seguridad necesarias para que se registre una participación –igualitaria–; la democratización de las estructuras de autoridad de la industria y la abolición de la distinción permanente entre "gerentes" y "trabajadores" significaría un gran paso hacia la consecución de este estado de cosas.

Las teorías contemporáneas y participativas de la democracia pueden contrastarse en todas las cuestiones de fondo, incluyendo la caracterización misma de la "democracia" y la definición de "lo político", concepto este que, en la teoría participativa, no está restringido a la habitual esfera del gobierno nacional o local. Insisto: en la teoría participativa, la palabra "participación" se refiere a participación –igualitaria– en la toma de decisiones, y la expresión "igualdad política" se refiere a la igualdad de poder al momento de determinar el resultado de las decisiones, definición esta que es muy diferente de la que figura en la teoría contemporánea.

Finalmente, la justificación de la existencia de un sistema democrático en la teoría participativa de la democracia descansa fundamentalmente en los resultados humanos que se producen a partir del proceso participativo. Podríamos caracterizar el modelo participativo como aquel en que se requiere un aporte máximo –la participación–, y donde el resultado incluye no sólo las políticas –las decisiones–, sino también el desarrollo de las capacidades sociales y políticas de cada individuo, de tal suerte que exista una "retroalimentación" entre el resultado y el aporte.

Muchas de las críticas a la llamada teoría "clásica" de la democracia implican que esta sólo debe ser enunciada para que se evidencie que es irrealizable y anticuada. La teoría participativa de la democracia lejos está de ello; de hecho, posee numerosos rasgos que reflejan algunos de los principales temas y orientaciones de la teoría política y la sociología política recientes. Por ejemplo, el hecho de que proponga un modelo de sistema autosuficiente podría hacerla atractiva para los muchos autores que escriben sobre política que, explícita o implícitamente, hacen uso de tales modelos. Insisto: las similitudes entre la teoría participativa de la democracia y las teorías recientes sobre el pluralismo social son bastante obvias, si bien en estas se suele sostener sólo que deberían existir asociaciones "secundarias" para mediar entre el individuo y el gobierno nacional, y no dicen nada sobre las estructuras de autoridad de dichas asociaciones.[56] La definición amplia de "lo político" en la teoría participativa está también en consonancia con la práctica en la teoría política y la ciencia política modernas. Dahl (1963: 6), uno de los ya mencionados defensores de la teoría contemporánea de la democracia, ha definido los sistemas políticos como "todo patrón persistente de relaciones humanas que involucra, en grado significativo, poder, dominio o autoridad". Todo esto hace que sea muy raro que ningún autor reciente sobre teoría democrática parezca haber releído a los primeros teóricos con estas consideraciones en mente. Cualquier explicación respecto de esta circunstancia

---

[56] Confróntese con Eckstein (1966: 191).

incluiría, sin dudas, una mención a la creencia ampliamente sostenida de que los teóricos políticos "tradicionales" –sobre todo, los teóricos de la democracia– se embarcaron en una empresa mayormente prescriptiva y "signada por los valores" –si bien con frecuencia se dice que los teóricos clásicos eran descriptivos–, y que su obra se considera, por ende, de poco interés directo para los teóricos modernos, científicos y políticos.

Sea cual fuere la verdad sobre este asunto, podemos emprender ahora la tarea que resta realizar: la de valorar el realismo empírico y la viabilidad de la teoría participativa de la democracia; ¿es la noción de sociedad participativa una fantasía utópica y, además, una fantasía peligrosa? La exposición de la teoría de inmediato plantea varias cuestiones importantes. Por ejemplo, existe el problema de la definición de "participación"; claramente, cuando es posible la participación directa, la definición es pertinente, pero no es clara –aunque el individuo tendría más oportunidades para la participación política en una sociedad participativa–; la pregunta es ¿en qué medida puede repetirse el paradigma de la participación directa bajo condiciones en que la representación sea ampliamente necesaria? No se puede intentar responder esta pregunta, salvo que se emprenda un análisis más profundo. La teoría de la democracia participativa se apoya en dos hipótesis: la función educativa de la participación y el papel crucial de la industria; concentraremos la atención en ambas. Un punto principal de disputa entre las dos teorías de la democracia es si pueden democratizarse las estructuras de autoridad de la industria; pero antes de abordar dicha cuestión debemos hacernos otra pregunta, más elemental. En el siguiente capítulo comenzaremos viendo si existe alguna evidencia que sustente el vínculo sugerido entre participación en el lugar de trabajo y otras esferas no gubernamentales, y la participación en el nivel más amplio, el nacional.

CAPÍTULO III
El sentido de eficacia política y la participación en el lugar de trabajo

Tanto las teorías contemporáneas como las teorías participativas de la democracia sostienen que los individuos deberían recibir algún tipo de "entrenamiento" en materia democrática más allá del proceso político nacional. Sin embargo, ciertos defensores de la teoría contemporánea como Dahl o Eckstein brindan pocas precisiones sobre cómo tendría lugar este entrenamiento, y resulta paradójico que consideren la "socialización" dentro de las organizaciones y asociaciones existentes –especialmente las industriales, que son oligárquicas y jerárquicas– como una forma de entrenamiento en *democracia*. El argumento que se esgrime en la teoría participativa de la democracia –que la educación para la democracia que tiene lugar a través el proceso participativo en las estructuras de autoridad no gubernamentales requiere, por lo tanto, que se democraticen estas estructuras– parece, a primera vista, bastante más plausible –si bien Sartori ha afirmado que la idea de que "es votando que uno aprende a votar" ha sido refutada–. Antes de ver si existe alguna evidencia empírica que sustente la vinculación sugerida entre participación en el lugar de trabajo y participación en la esfera política más amplia, hay una pregunta previa sobre cómo podría producirse esta vinculación. Nuevamente, hay aquí un terreno común entre las dos teorías, dado que ambas apuntan a que los factores psicológicos desempeñan un papel mediador. La teoría de la democracia participativa sostiene que la experiencia de la participación en cierto sentido deja al individuo mejor equipado psicológicamente para emprender alguna otra participación en el futuro, y puede encontrarse cierta evidencia en apoyo de este argumento en recientes estudios empíricos sobre socialización y participación política.

John Stuart Mill sostenía que de la participación surgiría un carácter "activo"; Cole, por su lado, argumentaba que se estimularía lo que podríamos llamar un carácter "no servil", y es posible dar a estas nociones algún contenido empírico útil. Si hemos de autorregirnos en, por ejemplo, el lugar de trabajo, entonces claramente es necesario que contemos con ciertas cualidades psicológicas. Por ejemplo, parecería que se requieren la creencia de que uno puede autogobernarse, la confianza en la propia capacidad de participar con responsabilidad y eficiencia, y la certeza de controlar la propia vida y el entorno. Estas no son características que se asociarían con personalidades "serviles" ni "pasivas", y es razonable sugerir que la adquisición de dichos tributos forma parte, al menos, de lo que los teóricos de la sociedad participativa consideraron como los beneficios psicológicos que se obtendrían de la participación. Podría uno también considerar dichas cualidades como parte del famoso "carácter democrático". Ahora bien: una de las correlaciones positivas más importantes que han surgido de las investigaciones empíricas en materia de conducta y actitudes políticas es la que existe entre la participación y lo que se conoce como el "sentido de eficacia política" o "sentido de aptitud política". Éste ha sido descripto como el sentimiento de que "la acción política individual produce –o puede producir– un impacto en el proceso político; es decir, que vale la pena cumplir con los propios deberes cívicos" (Campbell *et al.*, 1954: 187). Es más probable que participe en política la gente que tiene un sentido de eficacia política que aquellas personas en las que falta este sentido, y también se ha descubierto que, en la base del sentido de eficacia política, existe una sensación general de eficiencia personal que implica la confianza que uno tiene en su trato con el mundo. "Es más probable que participen en política las personas que se sienten más eficientes en sus tareas y desafíos cotidianos" (Milbrath, 1965: 59);[57] por otra parte, Almond y Verba han dicho que "en muchos sentidos [...] la confianza en la propia aptitud es una actitud política clave" (1965: 206-207). Por lo tanto, consideraremos que el sentido de eficacia o aptitud política es una interpretación operacional –o un aspecto– del efecto psicológico mencionado por los teóricos de la democracia participativa. La pregunta que ahora se nos plantea es si existe alguna evidencia que sugiera que la participación en los ámbitos no gubernamentales –en particular, en la industria– es relevante para el desarrollo de este sentimiento.

La fuente de evidencia más interesante e importante es la obra de Almond y Verba, *La cultura cívica*. Se trata de un estudio multicultural sobre las actitudes y conductas políticas individuales en cinco países: Estados Unidos, Gran Bretaña, Alemania, Italia y México. Gran parte del libro versa sobre el sentido de eficacia política y su desarrollo. Los autores extrajeron como conclusión que en los cinco países se verificaba una relación positiva entre el sentido de eficacia política y la participación política, si bien este era más alto a nivel local que nacional. También observaron que el nivel de eficacia era máximo en Estados Unidos y Gran Bretaña, donde existía la máxima cantidad de oportunidades institucionales para la participación política local.[58]

Estas conclusiones dan sustento al argumento de Mill sobre la importancia de las instituciones políticas locales como campo de entrenamiento para la democracia; más aun, los propios autores comentan que estos datos nos brindan

> un argumento a favor de la posición clásica de que la participación política a nivel local desempeña un papel fundamental en el desarrollo

[57] Encuéntrese una síntesis de las conclusiones relacionadas con la eficacia política en Milbrath (1965: 56-60), y en Lane (1959: 147 y ss.).

[58] Almond y Verba (1965: 140 y ss., y tablas VI 1 y VI 2).

> de una ciudadanía competente. Numerosos autores han sostenido que el gobierno local puede actuar como campo de entrenamiento para las capacidades políticas. Cuando el gobierno local permite la participación, puede promover un sentido de aptitud que luego se traslada al nivel nacional (p. 145).

Ambos autores también investigaron los efectos de la participación en las organizaciones de voluntarios, y observaron que, en los cinco países, el sentido de eficacia política era mayor entre los miembros de organizaciones que entre los no miembros, y alcanzaba su valor máximo entre los miembros activos, particularmente aquellos de organizaciones políticas. Ya hemos señalado que la teoría participativa de la democracia tiene similitudes con los argumentos recientes sobre el pluralismo social; Almond y Verba concluyen su capítulo sobre membresía organizativa diciendo que "el pluralismo –aun si no es explícitamente un pluralismo político– puede ser de hecho uno de los cimientos más importantes de la democracia política" (p. 265). En general, las investigaciones recientes sobre la socialización política han demostrado que los teóricos de la democracia participativa se encontraban sobre terreno firme cuando sugerían que el individuo haría extensivas sus experiencias con las estructuras de autoridad no gubernamentales al ámbito de la política nacional. Al igual que Eckstein en la obra considerada anteriormente, Almond y Verba individualizan estas estructuras de autoridad como la variable crucial, y sostienen que

> si en la mayor parte de las situaciones sociales el individuo se encuentra sometido a alguna figura de autoridad, es probable que espere tal relación de autoridad en la esfera política. Por otro lado, si fuera de la esfera política tiene oportunidades de participar en una amplia gama de decisiones sociales, probablemente espere poder participar también en las decisiones políticas. Además, la participación en la toma de decisiones no políticas puede darle a uno las capacidades necesarias para participar políticamente (pp. 271-272).

Almond y Verba sostienen que son las experiencias adultas las que resultan cruciales en este proceso de socialización política; sin embargo, algunas investigaciones más recientes –especialmente la de Easton y Dennis– se han concentrado en los primeros años de la infancia por considerarlos de fundamental importancia en la configuración de las conductas y actitudes políticas posteriores. Pese a ello, si bien la evidencia presentada en *Children in the Political System* (Easton y Dennis, 1969) muestra que el aprendizaje específicamente político en efecto se produce en los primeros años de la infancia, y si bien puede ser verdad que ese aprendizaje ayuda a generar un reservorio de "apoyo difuso" para la autoridad política *como tal*, la evidencia no contribuye a establecer una conexión entre la conducta o actitudes políticas adultas específicas y el tipo particular de aprendizaje infantil tratado en el libro –es decir que el niño aprende a dar significado a la autoridad política y a vincularse con ella en gran medida a través de las personalidades del presidente y de los policías–. En verdad, muchos de los propios comentarios de los autores plantean dudas sobre la posterior importancia de tal aprendizaje infantil. Estos señalan que "sorprendentemente, incluso en una era atravesada por los preconceptos freudianos, el efecto de las experiencias infantiles sobre la conducta adulta todavía es incierto" (p. 75), y que los padres tienden a proteger a sus hijos de la dura realidad de la vida política (pp. 357-358).[59] Es muy significativo que las actitudes de los niños más grandes difieran de las de los más pequeños en virtud del impacto de su creciente experiencia (realista) del mundo; en realidad, los autores mismos enfatizan la importancia de esta experiencia posterior para la socialización política y sostienen que "la socialización secundaria, durante el período posterior a la infancia, puede, bajo ciertas circunstancias, funcionar en una dirección opuesta [...] y el resultado depende de los eventos situacionales" (p. 310).

---

[59] Véase también Greenstein (1965: 45) y Orren y Peterson (1967). Es probable que las conclusiones extraídas por Easton y Dennis estén teñidas de elementos culturales, hecho que ellos mismos reconocen (véase, por ejemplo, Jaros *et al.*, 1968).

Sugerir que deberíamos recurrir a estas experiencias adultas no equivale a decir que la infancia carece de importancia en la socialización política; las experiencias posteriores bien pueden reforzar actitudes que comenzaron a desarrollarse tempranamente. Este punto es directamente pertinente a la cuestión del desarrollo del sentido de eficacia política entre los niños, que Easton y Dennis también han investigado; pero ellos, a diferencia de Almond y Verba, no se interesaron en la cuestión de por qué algunos individuos se sienten más políticamente eficientes que otros, sino que se concentraron en si los niños aceptan la *norma* de la eficacia política. Pero, nuevamente, este abordaje nada nos dice sobre las actitudes políticas adultas.[60] La correlación más llamativa que emerge de los estudios sobre eficacia política es que las diferentes graduaciones están vinculadas con el nivel socioeconómico; los individuos de bajo nivel socioeconómico suelen tener un bajo sentido de eficacia política –y suelen participar menos–. Esta correlación entre clase y niveles de eficacia también vale para los niños, En este sentido, Easton y Dennis sostienen que los niveles de eficacia medidos en niños reflejan, en realidad, la visión que tiene el niño de las actitudes y conducta de los padres (1967: p. 31). Así las cosas, todavía nos queda explicar la diferencia en los adultos respecto de esta cuestión, y no será suficiente que digamos que este es un resultado de *su* propia infancia...

El área en que puede encontrarse tal explicación ya ha sido señalada: las experiencias individuales con las estructuras de autoridad no gubernamentales, que pueden suministrarnos una interpretación de las diferencias entre niñez y adultez. Almond y Verba observaron que las oportunidades –recordadas– de participar en la familia y en la escuela se correlacionaban

---

[60] Es un argumento curioso (Easton y Dennis, 1967: 38) que la "internalización" en las etapas tempranas de la vida de una norma que dice que uno debería tener voz en la voluntad gubernamental ayudará, por sí misma, a contrarrestar la posterior frustración cuando nos demos cuenta de que las oportunidades concretas de hacerlo son ilusorias. Parecería más probable que fuera a surtir el efecto contrario.

con un alto puntaje en la escala de eficacia política en los cinco países, y el impacto de las oportunidades en el nivel educativo superior era de particular importancia. Son los niños de clase media los que con mayor probabilidad lograban puntajes altos en la escala de eficacia, y sabemos que las familias de clase media son las que con mayor probabilidad suministran a sus hijos una estructura "participativa" de autoridad familiar, mientras que las familias de clase trabajadora suelen ser más "autoritarias" o no exhiben un patrón congruente de autoridad. Dado que también es más probable que los niños de clase media lleguen a un nivel superior de educación, comenzamos a ver cómo aparece un patrón acumulativo de oportunidades de participación.[61]

Sin embargo, pese a estas diferencias ya claras en la infancia, Almond y Verba sostienen que las experiencias adultas son las realmente cruciales. Sobre la base de los datos tomados de los cinco países mencionados, los autores concluyen que "en un sistema social relativamente moderno y diversificado, la socialización en la familia y, en menor medida, en la escuela representan un entrenamiento insuficiente para la participación política" (p. 305). De "crucial significación" para el desarrollo del sentido de eficacia política son las oportunidades de "participar en las decisiones

---

[61] Almond y Verba, (1965: 284 y ss.; tablas XI.4 y XI.5). Easton y Dennis (1967), y Greenstein (1965: 90 y ss.). Encuéntrese en Klein (1965, vol. II) una útil exposición de las diferencias de clase en los patrones de crianza de niños en Inglaterra. Otro factor significativo es que las escuelas secundarias modernas, a las que asisten la mayor parte de los niños del más bajo nivel socioeconómico, con frecuencia operan según el método llamado de "disciplina cuasi militar", por el cual casi no hay espacio para que tomen decisiones en ningún aspecto. Encuéntrese un modelo de este tipo de escuela en Webb (1962). Es interesante que en Noruega la diferencia en los niveles de eficacia política entre clases sea menor que en Estados Unidos; una explicación ofrecida a este respecto se basa en la estructura diferente de los partidos políticos; en Noruega están "polarizados por clase", y por lo tanto brindan una gran cantidad de oportunidades de participación a las personas de bajo nivel socioeconómico. Véanse Rokkan y Campbell (1960) y Alford (1964).

que conciernen a nuestro lugar de trabajo. La estructura de autoridad en el lugar de trabajo es probablemente la más significativa –y saliente– de este tipo con la cual el hombre promedio se encuentra en contacto diario" (p. 294).

En realidad, las experiencias con diferentes tipos de estructuras de autoridad en el lugar de trabajo de parte de los adultos también pueden suministrarnos una explicación de los diferentes niveles de eficacia política encontrados en sus niños. Una explicación ofrecida respecto de la diferencia de clase en la crianza de los niños es el efecto de las ocupaciones de bajo rango de los padres: "Se observó que los padres cuyo trabajo les da poca autonomía, que son controlados por otros y que no ejercen control ellos mismos son más agresivos y severos" (Cotgrove 1967: p. 57); es decir, no brindan un entorno hogareño participativo. Ciertamente, las experiencias que se viven en el trabajo afectan y mucho el desarrollo del sentido de eficacia política en los adultos. Almond y Verba preguntaron a los encuestados si se los había consultado sobre decisiones tomadas en el trabajo, en qué medida se sentían libres de quejarse sobre ciertas decisiones y cuánto en efecto se habían quejado. En todos los países, las oportunidades de participar se correlacionaban positivamente con un sentimiento de eficacia política y, además, como es de esperar, cuanto más alto el rango del encuestado, más oportunidades de participación informaba.[62]

También se observó que la participación tenía un efecto acumulativo: cuantas más eran las áreas en las cuales participaba el individuo, mayor era la probabilidad de que su puntaje en la escala de eficacia política fuera más alto.[63] Ya hemos señalado que es más probable que ocurra tal acumulación de oportunidades de participación en individuos de alto nivel socioeconómico. Es en el grupo de nivel socioeconómico más bajo que,

---

[62] Almond y Verba (1965), pp. 280-283, tabla XI.3, y pp. 294-297, tabla XI 6.

[63] Almond y Verba, pp. 297-299, tablas XI 7 y XI 8. Esta conclusión no fue de aplicación en México.

en el curso ordinario de las cosas, se tienen las menores oportunidades de participación, en particular, en el lugar de trabajo. Es casi parte de la definición de una ocupación de bajo rango que el individuo cuente con un ámbito reducido para ejercer iniciativas o para controlar su empleo y las condiciones laborales, no desempeñe parte alguna en la toma de decisiones en la empresa, y que sus superiores organizativos le digan qué hacer. Esta situación conduciría a sentimientos de ineficiencia que se verían reforzados por la falta de oportunidades de participar, lo cual conduciría a sentimientos de ineficiencia, y así sucesivamente. Un efecto de este tipo fue subrayado hace años en un artículo de Knupfer titulado *Portrait of the Underdog*. Allí se sostiene que los diferentes aspectos del rango se unen entre sí y adoptan la forma de un círculo vicioso que "recuerda el dictado bíblico 'al que tiene le será dado'". El autor subraya la importancia de los factores psicológicos en este proceso y sugiere que la habitual falta de esfuerzo por controlar el entorno de parte de los grupos de nivel socioeconómico más bajo puede surgir de "hábitos profundamente arraigados de hacer lo que se les dice". Por lo tanto, la carencia económica está vinculada a la carencia *psicológica* y engendra "una falta de confianza en sí que hace que aumente la reticencia de las personas de bajo nivel socioeconómico a participar en numerosas fases de nuestra cultura predominantemente de clase media más allá de lo que sería un lógico repliegue adaptado a las reducidas chances de que sus acciones sean efectivas" (1954: 263).

Hasta aquí, se ha presentado evidencia que apoya el argumento sostenido por la teoría de la democracia participativa de que la participación en estructuras de autoridad no gubernamentales es necesaria para promover y desarrollar las cualidades psicológicas –el sentido de eficacia política– requeridas para participar en el nivel nacional. También se ha citado evidencia que apoya el argumento de que la industria es la esfera más importante para que se produzca esta participación; pero esto no nos brinda una base que suministre una explicación posible de por qué es más probable que se encuentren niveles bajos de eficacia en los grupos de nivel socioeconómico más bajo. Ahora examinaremos alguna evidencia empírica adicional sobre el efecto de los diferentes tipos de estructura de autoridad industrial sobre las actitudes y la perspectiva de las personas.

Recientemente se ha despertado un considerable interés en el modo en que los diferentes tipos de estructura de autoridad y las diferentes tecnologías afectan a quienes trabajan dentro de ellas. De la misma forma que un trabajador de bajo rango se encuentra, en el marco de una estructura jerárquica de autoridad, en la posición de permanente subordinado, en algunas tecnologías puede estar subordinado también a las exigencias externas del proceso técnico.[64] Una interesante ilustración de esta circunstancia puede encontrarse en el estudio comparativo de Blauner sobre cuatro situaciones laborales diversas. En *Alienation and Freedom* (1964), Blauner estudió cuatro rubros industriales estadounidenses: el gráfico –imprenta–, el textil, el automotor y el químico. Allí, la relación del trabajador de base con la división del trabajo, la organización del trabajo y el proceso técnico variaban enormemente, y lo mismo sucedía con el impacto de esos factores en el trabajador. Sólo ciertas situaciones laborales propiciaban el desarrollo de las características psicológicas en las cuales

[64] El efecto de ciertos tipos de procesos industriales en quienes están empleados en ellos fue observado por Adam Smith; él escribió: "En el avance de la división del trabajo, el empleo [...] de las grandes masas de personas resulta estar circunscripto a unas pocas operaciones simples; con frecuencia, una o dos. Pero el entendimiento de la mayor parte de los hombres está necesariamente formado por su empleo habitual. Los hombres cuya vida, toda ella, transcurre en la realización de algunas, pocas, operaciones simples cuyos efectos también son, tal vez, siempre los mismos [...] no tiene ocasión de ejercer su entendimiento ni su inventiva para encontrar vías expeditivas para quitar del medio dificultades que nunca se producen. Por lo tanto, y como es natural, pierde el hábito de dicho ejercicio y, por lo general, se torna tan estúpido e ignorante como le sea posible tornarse a una criatura humana [...] [es incapaz] de formarse un juicio adecuado respecto de muchas tareas comunes de la vida personal. Y sobre los intereses grandes y amplios de su país, es por completo incapaz de juzgar". (Smith, 1880: vol. II, pp. 365-366.

estamos interesados; es decir, los sentimientos de confianza y de eficacia personal que subyacen al sentido de eficacia política. Estas condiciones no se encontraban presentes en las industrias automotriz y textil. En la primera, "el entorno automotriz de trabajo está tan altamente racionalizado que los obreros prácticamente no tienen oportunidad de resolver problemas ni aportar sus propias ideas" y, respecto de la línea de montaje, el obrero no tiene control sobre el ritmo de su trabajo ni sobre la técnica que utiliza, y no hay oportunidad de aplicar habilidades ni de desarrollar liderazgo (pp. 98 y 111-113). Esta tecnología, junto con la característica estructura de autoridad en toda planta de ensamblaje automotriz, poco aporta al sentido individual de autoestima, y la "personalidad social del trabajador automotor [...] se expresa en una característica actitud de cinismo hacia la autoridad y los sistemas institucionales" (p. 178). La situación en la industria textil era aun menos promotora del desarrollo de sentimientos de eficiencia personal. Aquí, no sólo los procesos técnicos reducían a un mínimo el control del trabajador respecto de su trabajo, sino que también este estaba "a merced de supervisores de mayor y menor rango". Blauner cita un estudio psicológico sobre trabajadores textiles; allí se describe la personalidad típica de un trabajador de base como una persona que "está resignada a su suerte [...] es más dependiente que independiente [...] carece de confianza en sí mismo [...] es apocado [...] los sentimientos más frecuentes [...] parecen ser los de miedo y ansiedad (pp. 69-70 y 80). Era marcado el contraste entre estos dos rubros industriales, por un lado, y las industrias gráfica y química, por otro. En la industria gráfica –todavía, en general, una industria artesanal–, el trabajador cuenta con un alto grado de control sobre su trabajo, tiene internalizados altos estándares de calidad y responsabilidad y un elevado grado de libertad respecto del control externo. Todos estos factores configuran, según Blauner, una "personalidad social caracterizada por [...] un fuerte sentido de individualismo y autonomía, más una sólida aceptación de la calidad de ciudadano en el conjunto de la sociedad [...] [El obrero gráfico] tiene un sentimiento muy desarrollado de autoestima y un sentido de su valía personal; por lo tanto, está dispuesto a participar en las instituciones sociales y políticas de la comunidad" (pp. 176, 43 y ss.). Se encuentra un resultado similar en la industria química; pero no por el alto grado de control por parte del empleado sobre la tarea y las condiciones de trabajo, sino debido a la responsabilidad colectiva de un grupo de empleados respecto del mantenimiento y funcionamiento continuo y sin problemas de la planta de procesamiento. Cada grupo de empleados tenía control sobre el ritmo con el método con los cuales se realizaba el trabajo. Además, los grupos de trabajo tenían internalizada, en general, una gran autodisciplina. Al igual que con la industria gráfica, esta situación laboral contribuía a la autoestima y el sentido de valía personal (pp. 132 y ss., 179, 159). Blauner concluía que "el tipo de trabajo de cada persona afecta su carácter social y su personalidad", y que "todo entorno industrial suele engendrar un tipo social característico" (Blauner, 1964: VIII, 166).[65]

El impacto en la personalidad de las estructuras jerárquicas de autoridad y de la subdivisión del trabajo ha recibido atención también de parte de autores que han escrito sobre organización y gestión, quienes abordan la cuestión desde el punto de vista de la eficiencia de la organización. Suele argumentarse que para esto se necesita contar con una estructura de autoridad y una organización del trabajo que no perjudique la "salud mental" –la eficiencia psicológica– del empleado. Argyris, por ejemplo, sobre la base de dos modelos –uno, el de la organización jerárquica (burocrática); el otro, el del individuo psicológicamente sano–, ha sostenido que la forma típica de estructura de autoridad en la industria moderna no satisface las necesidades individuales de autoestima, autoconfianza y crecimiento personal, y cita abundante material empírico en apoyo de este argumento. Esta carencia no afecta sólo a quienes se encuentran en la base de la estructura. Argyris sostiene que las "normas organizativas"

[65] Puede encontrarse en Lipsitz (1964) similar evidencia sobre el efecto de los diferentes entornos laborales en las actitudes políticas.

obligan al ejecutivo a esconder sus sentimientos, y tal circunstancia dificulta el desarrollo de las aptitudes y la confianza en las que se basa una gestión eficaz y hace que tal ejecutivo sea renuente a correr riesgos. Esta situación, a la vez, suele aumentar la "rigidez" de la organización, lo cual refuerza los efectos perniciosos en los empleados de base (Argyris, 1957 y 1964).[66] Típicamente, el empleado de base de la industria moderna se encuentra en un entorno laboral en el que puede desplegar pocas capacidades y tiene poco o ningún control sobre su trabajo. Esta circunstancia puede dar como resultado que el empleado experimente "un sentido decreciente de autocontrol y de autorresponsabilidad"; además, el efecto acumulativo de este estado de cosas a lo largo del tiempo puede ser el de "influir en la consideración que el empleado tenga de sí mismo, la estima que tenga de sí mismo [...] su satisfacción en la vida y, como corolario, sus valores sobre el significado del trabajo". Argyris especula que estos estados psicológicos pueden estar vinculados a una falta de interés y de actividad en la política, pero no investiga este aspecto en concreto (1964: 54, 87-88).

Parece claro, a partir de la evidencia, que el argumento de la teoría participativa de la democracia –el que dice que las actitudes (políticamente pertinentes) de un individuo dependerán en gran medida de la estructura de autoridad de su entorno de trabajo– está bien fundado. Específicamente, el desarrollo del sentido de eficacia política parece depender de si la situación laboral del individuo le permite algún grado de

[66] Por supuesto, este argumento es similar al de Merton en su bien conocido ensayo "Bureaucratic Structure and Personality", donde afirma que, dado el aumento de las formas organizativas burocráticas, "se torna evidente para quien quiera verlo que el ser humano se ve controlado en enorme medida por su relación social con los instrumentos de producción. Hay que dejar de ver este control sólo como un axioma del marxismo y hay que considerarlo como un hecho persistente que todos habrán de admitir". Merton (1957) afirma que este control conduce al desplazamiento de objetivos, a la timidez, al ritualismo, a la impersonalidad y a otros factores negativos.

participación en la toma de decisiones. Así las cosas, entonces, la pregunta crucial en lo que concierne a la validez empírica general de la teoría de la democracia participativa es en qué medida es posible que la industria se organice sobre la base de lineamientos participativos. Trataremos esta pregunta a partir de ahora.

Hay disponible una considerable cantidad de evidencia sobre democracia industrial y participación en el lugar de trabajo; es importante mencionar que el término "participación" ha gozado de cierta popularidad entre los autores que escriben sobre gerenciamiento y temas afines en los últimos años. Pero ninguna de esta evidencia ha sido tomada en consideración por los defensores de la teoría contemporánea de la democracia; ni siquiera por Eckstein, quien ha sostenido que no es posible democratizar las estructuras de autoridad de la industria. Hasta ahora, en nuestra exposición sobre la teoría de la democracia participativa hemos utilizado los términos "participación" y "democracia" casi como sinónimos, y así es como se los utiliza en el grueso de la literatura gerencial que examinaremos. Este uso es incorrecto, pero la cuestión de la relación precisa entre los dos –o, más bien, entre la democracia industrial y las distintas formas que puede adoptar la participación– debe dejarse hasta que se haya examinado el material empírico; en realidad, la relación es considerablemente más complicada de lo que con frecuencia se supone. Otro problema afín al mencionado que también se considerará es cómo se relacionan los efectos psicológicos de la participación en el lugar de trabajo con las diferentes formas de participación y con la democracia industrial.

Antes de examinar el material empírico, sería útil considerar brevemente un argumento que tornaría obsoleto todo este emprendimiento. Si bien se ha demostrado que la participación en el lugar de trabajo es importante para el despliegue de la participación política en sentido amplio, podría argumentarse que, no obstante lo anterior, dicha participación no reviste importancia central porque, hoy en día –y cada vez más–, el ocio es la parte más importante de la vida del trabajador y es la esfera en la cual espera –y puede– obtener satisfacción psicológica. Los autores que sostienen la importancia capital del ocio en la vida del trabajador de base de nuestros días señalan el hecho de que muchos trabajadores –particularmente, los manuales– tienden a considerar el trabajo como algo de valor puramente utilitario, y centran sus aspiraciones en el ocio. Así, si lleváramos este argumento hasta sus últimas consecuencias, podríamos sugerir que el ocio podría significar un reemplazo del trabajo en lo que concierne al desarrollo del sentido de la eficacia política.[67] Sin embargo, este argumento presenta considerables dificultades.

En primer lugar, incluso si el trabajo pudiera reemplazar al ocio en este aspecto, el resultado sería una desigualdad básica –tal como apunta Blauner (1964)–, "una división de la sociedad en, por un lado, un segmento de consumidores que se comportan de manera creativa en su tiempo libre, pero tienen trabajos insignificantes; y, por otro lado, un segundo segmento capaz de lograr la autorrealización en los dos ámbitos de la vida" (p. 184). Pero este argumento presupone que se obtienen los mismos beneficios psicológicos –o equivalentes– tanto en el ocio como

[67] Desde el punto de vista de la teoría participativa de la democracia, tal actitud utilitaria podría tomarse como indicativo de que el trabajador no operaba en un entorno participativo. Se esperaría que este último condujera a una evaluación del trabajo en cuanto a sus factores intrínsecos debido a los beneficios psicológicos factibles de ser obtenidos. En la cita anterior de Argyris se sugirió que ciertos tipos de entorno laboral podrían llevar al trabajador a reevaluar el trabajo mismo; encuéntrense argumentos similares sobre la situación laboral que conduce a la reevaluación del trabajo según lineamientos utilitarios en, por ejemplo, Chinoy (1955) y Lipsitz (1964). En la obra reciente sobre los trabajadores automotores de Vauxhall se sostiene que se lleva al trabajo una actitud utilitaria, no se la desarrolla él. Sin embargo, los argumentos expuestos acerca de las crecientes presiones sociales sobre los trabajadores para que estos consideren su trabajo de forma utilitaria no son incompatibles con la tesis de la situación laboral. Los autores no consideran el impacto de la estructura de autoridad de la planta automotriz y tampoco brindan evidencia alguna de si habían cambiado las actitudes hacia el trabajo mientras los trabajadores se encontraban en Vauxhall. Goldthorpe *et al*. (1968).

en el trabajo, y, sin embargo, existen diferencias significativas entre ellos. El término "ocio" comprende una amplia gama de actividades; algunas de ellas –sobre todo, los pasatiempos– se parecen muchísimo a actividades "laborales", pero difieren en el contexto en el cual se llevan a cabo. Por "trabajo" quiero decir no sólo la actividad que suministra a la mayor parte de las personas el principal determinante de su posición en el mundo, o la ocupación que cada individuo realiza "a tiempo completo" y que le brinda su medio de vida, sino también las actividades que se llevan adelante en colaboración con otros, que son "públicas" y que están íntimamente vinculadas a la sociedad en su conjunto y sus necesidades –económicas–; así, me refiero a actividades que potencialmente involucran al individuo en decisiones sobre asuntos colectivos –los asuntos de la empresa y de la comunidad– de una forma que las actividades de los ratos de ocio no lo suelen hacer. Pero, aunque algunos pasatiempos podría producir los mismos efectos psicológicos que, según indica Blauner, logra el artesano –gráfico–, no todas las actividades emprendidas en los ratos de ocio son pasatiempos; muchas –la mayoría– no involucran la producción de nada en particular por parte del individuo; más bien, este consume, con lo cual nos damos cuenta de que tanto la actividad como el contexto son diferentes. Más importante aun: el "argumento del ocio" pasa por alto la tesis esgrimida por los teóricos de la sociedad participativa sobre la interrelación entre individuos; si un cierto tipo de estructura de autoridad industrial puede afectar la participación política, entonces, ¿por qué no podría afectar también al ocio? Este tipo de vínculo ha sido sugerido por varios autores; por ejemplo, Bell (1960), quien escribe que "'la marcada holgazanería' es el gesto hostil de una cansada clase trabajadora" (p. 233), y Friedman (1961), que sostiene que "la fragmentación del trabajo no siempre hace que el trabajador busque actividades de esparcimiento de mayor alcance a fin de compensar sus frustraciones. Por el contrario, tal fragmentación puede tender a desorganizar el resto de su vida" (p. 113); Friedman considera también que "matar el tiempo" es un rasgo general de la conducta de las masas en nuestros días. Riesman ha cambiado su parecer acerca de lo que escribió sobre el ocio en *The Lonely Crowd*, y más recientemente ha sostenido que tanto el trabajo como el ocio deben ser "significativos" (Riesman, 1956 y 1964).[68] Finalmente, para reforzar los argumentos de este tipo, se encuentra el hecho de que los individuos que más participan en las actividades de ocio de carácter "público" –organizaciones de voluntarios, política– son justamente los de alto nivel socioeconómico, que asimismo tienen mayor probabilidad de trabajar en un entorno que promueva el desarrollo del sentido de eficacia personal. Pero incluso si el argumento del ocio pareciera más plausible, la mayor parte de la gente –al menos, en Gran Bretaña– tiene muy poco tiempo libre y todo parece indicar que, en el futuro inmediato, el trabajo seguirá ocupando buena parte de las horas de vigilia de mucha gente.[69]

Como muchos términos que logran cierta popularidad en un contexto particular, la palabra "participación" ha sido usada por autores que escribieron sobre diferentes aspectos de la industria y el gerenciamiento en varios sentidos sin que estos hayan sido suficientemente aclarados o, más aun, sin que los escritores mismos den señal alguna de saber que tal palabra tiene varias acepciones. A partir de nuestro examen de la evidencia empírica sobre participación en la industria, distinguiremos tres sentidos o formas principales de participación. La evidencia también permitirá decir algo acerca de las hipótesis específicas de los teóricos de la democracia participativa sobre los efectos de la participación, y otro tanto respecto de sus resultados en relación con la eficiencia económica de la empresa.

En la evidencia tomada del libro de Blauner sobre el impacto de las diferentes situaciones laborales en las orientaciones psicológicas del individuo, la variable crucial era el grado de control que el individuo lograba ejercer sobre su trabajo y en su entorno laboral. En la exposición de la

[68] Véase también Mills (1963).

[69] Véase Boston (1968). La velocidad a la cual se introducirá la automatización ha sido con frecuencia sobreestimada; por ejemplo, véase Blumberg (1968: 55).

teoría de Rousseau sobre la participación se puso énfasis en el íntimo vínculo entre control y participación en la toma de decisiones, y es bien obvio que si un individuo ha de ejercer tal control entonces debe participar al menos en aquellas decisiones que afectan directamente su trabajo. En la actualidad existe un deseo generalizado en muchas categorías de trabajadores de tener dicha participación. En una encuesta realizada en Oslo, Noruega, a más de 1.100 trabajadores de baja jerarquía, un 56 por ciento de los trabajadores fabriles y un 67 por ciento de los empleados administrativos sentían que les gustaría participar más en "las decisiones que atañen directamente a mi propio trabajo y mis condiciones laborales" (Holter, 1965: 301, tabla 2). En un estudio realizado sobre una muestra de 5.700 trabajadores estadounidenses de la industria pesada, se observó que más de la mitad quería que se tuviera más en cuenta su opinión en cuanto a la forma en que se realizaba el trabajo.[70] En Gran Bretaña hay alguna evidencia indirecta sobre este tema, que surge del cariz que han tomado las huelgas luego de la guerra. Las huelgas sobre temas distintos de las demandas salariales –en particular, las que se relacionan con acuerdos laborales, normas y disciplina– totalizan en la actualidad unas tres cuartas partes de las medidas de fuerza; es decir, la mayor parte de las huelgas son, en la actualidad, sobre asuntos que en general se relacionan con el "control". Turner ha comentado que podría decirse que estas huelgas "involucran intentos de someter el criterio gerencial y la autoridad a normas [...] consensuadas; reflejan una presión implícita de más democracia y derechos individuales en la industria" (Turner, 1963: 18).

El mismo deseo puede verse reflejado en el –voluminoso– material sobre satisfacción laboral. Podría suponerse que la mayoría de los trabajadores estarían insatisfechos con empleos que les permitieran ejercer muy poco control, pero de hecho parece verificarse lo contrario; toda la evidencia muestra que la mayor parte de los trabajadores están satisfechos

---

[70] Citado en Blumberg (1968: 115).

con sus empleos. Esta evidencia de satisfacción general se interpreta en la actualidad con bastante más cautela de la que con frecuencia se empleaba en el pasado. Como señaló recientemente Goldthorpe: "Resultados de este tipo, en realidad, se han logrado varias veces cuando las demás pruebas han indicado con claridad meridiana que los trabajadores en cuestión experimentaron privaciones muy graves en la realización de sus trabajos" (Goldthorpe et al, 1968: 11).[71] Más significativas son las razones planteadas para *no gustar* de un trabajo; la principal es que la persona puede ejercer muy poco control sobre lo que hace o las condiciones bajo las cuales lo hace. Esta circunstancia es de aplicación, en particular, al caso más extremo –como hemos visto en el estudio de Blauner– de los operarios de líneas de montaje. Entre estos, los que sí consideran que su trabajo es satisfactorio con frecuencia brindan como razón que logran "ponerle un tope", es decir que encuentran formas de ejercer un poco de control. En general se observa que la satisfacción expresada con un puesto de trabajo declina conforme declina el nivel de calificación, y los puestos de trabajo de menor calificación serían los que con menor probabilidad implicarían alguna oportunidad de controlar el proceso

---

[71] Este extraño dato se explica a partir de varias razones. El trabajo satisface una multitud de necesidades humanas, incluidas la de estar en actividad y crear vínculos sociales; también es difícil que un trabajador admita que no le gusta su trabajo, pues amenazaría su autorrespeto, ya que "quedaría acusado por sus propias palabras de carecer del empuje de conseguir un empleo más amable" (Flanders *et al.*, 1968: 120-121; véase también Blauner, 1960). También es factible encontrar trabajadores que hacen comentarios del tipo "si yo no disfrutara [de mi trabajo], me deprimiría" (Zweig, 1961: 77). Este último autor nos brinda también un ejemplo de la interpretación acrítica de la conclusión respecto de la "satisfacción" cuando dice que "el síndrome del 'trabajador infeliz' puede haber sido un hecho del pasado [...] pero queda muy poco de ello en los establecimientos industriales actuales, bien organizados y bien manejados" (p. 79). Puede encontrarse en Hertzberg (1959 y 1968) una interesante teoría sobre la satisfacción laboral que aclara estas conclusiones.

laboral.[72] Blauner (1960: 353) ha comentado que "el hecho de que renunciar a ese control parezca ser la condición más importante de la fuerte insatisfacción [es una conclusión] al menos tan importante como la conclusión global acerca de la satisfacción general".

Se han llevado a cabo numerosas investigaciones sobre la satisfacción laboral y su relación con el deseo que tiene el trabajador de tener más control –es decir, participación– sobre su trabajo y entorno inmediatos porque se ha observado que la satisfacción del trabajador con su trabajo está íntimamente vinculada con su buen ánimo, su eficiencia y su productividad. El aumento de esta satisfacción produce un efecto beneficioso sobre toda una serie de otros factores desde el punto de vista tanto del trabajador como de la empresa en su conjunto; por este motivo, se han llevado a cabo varios intentos prácticos de combatir los efectos psicológicos de la subdivisión extrema del trabajo. Uno de tales intentos es la idea de ampliación de los puestos de trabajo. Un puesto de trabajo se "amplía" cuando se incrementa su contenido; según un especialista en gestión, esta idea se sustenta en tres supuestos fundamentales: 1) permitirá al trabajador utilizar más capacidades, le dará más control y aumentará la producción; 2) creará mayor interés y, por consiguiente, aumentará la satisfacción; y, finalmente, 3) ayudará a superar "la incapacidad de obtener por parte de los empleados de base algún sentimiento real de participación en los asuntos de la empresa o un interés perdurable en el éxito de esta" (Stephens, 1962). Un ejemplo típico de la ampliación laboral se ve en la reorganización de los puestos de trabajo de las mujeres que trabajan en una línea de montaje donde realizaban nueve operaciones en lugar de

---

[72] Esta última conclusión vale también para la Unión Soviética; véase Hertzberg (1959: 164-165). Sobre el trabajador de la línea de montaje, véase Walker y Guest (1952: 58 y ss.), y los comentarios de Goldthorpe *et al.* (1968: 23).

una, inspeccionaban ellas mismas su trabajo y buscaban algunos de sus propios suministros (Guest, 1962).[73]

La ampliación del puesto de trabajo puede verse como un ejemplo rudimentario de una forma de participación en el lugar de trabajo –o un paso hacia ello–. En realidad, los experimentos más grandes en materia de ampliación de puestos de trabajo son casi indistinguibles en su forma de los ejemplos más pequeños explícitamente nombrados como "experimentos de 'participación'"; esto se debe a que subyace a ambos tipos de experimento la misma hipótesis sobre el grado de control que el individuo puede ejercer sobre su trabajo y la actitud psicológica de dicho individuo. Se han realizado varios experimentos sobre "participación" a lo largo de las últimas dos décadas, tanto como resultado de una deliberada política de gestión como a consecuencia de diversas iniciativas de los trabajadores involucrados; los relatos de dichos experimentos, anteriormente inaccesibles, han sido ahora recopilados y sintetizados por Blumberg en el capítulo 5 de su reciente libro *Industrial Democracy: The Sociology of Participation* (1968). Blumberg señala que estos experimentos en materia de participación tuvieron lugar en una amplia variedad de entornos organizativos:

> por ejemplo, clubes de hombres, organizaciones femeninas, salones de clase universitarios, fábricas de diferentes rubros industriales, oficinas, comercios minoristas, laboratorios científicos, entre muchos otros. De manera similar, han sido llevados a cabo respecto de una enorme variedad de personas de diferente edad, género, educación, ingreso, ocupación y nivel de poder. Se realizaron sobre muchachos jóvenes, amas de casa, estudiantes universitarios, trabajadores manuales de diferente nivel de capacitación y en diversos tipos de fábricas, supervisores de diferente rango, empleados administrativos, vendedores y científicos. (p. 73)

[73] Stephens (1962) brinda numerosos y variados ejemplos; véase también Blumberg (1968: 66-68); Friedman (1961: cap. IV) y Walker (1962: parte 2, párrafo 4).

En los experimentos sobre participación industrial, se ha encontrado invariablemente que el aumento en la participación del trabajador arroja resultados beneficiosos. Por ejemplo, en uno de los estudios más conocidos se seleccionaron cuatro grupos de trabajadores de una fábrica de prendas de vestir. En dos de estos grupos, todos los miembros participaron en la reorganización de su puesto de trabajo sobre la base de un plan presentado por la gerencia. En otro grupo, los trabajadores participaron a través de representantes, y, en el último, no tuvieron participación alguna. El resultado fue que en el último grupo se registró hostilidad, una caída en el rendimiento y la deserción de algunos trabajadores. En los dos grupos con "participación total", a diferencia del anterior, el clima de trabajo era de colaboración, y la producción aumentó (Coch y French, 1948).[74] El rasgo común a todos los experimentos citados por Blumberg es que estos permitieron a los trabajadores decidir por sí mismos cuestiones previamente reservadas a una decisión gerencial unilateral; esas cuestiones se referían a la velocidad del trabajo, la asignación de tareas, la organización de un cambio en las funciones, etcétera. Lo importante es el efecto psicológico que esta participación tuvo en los participantes; de hecho, en estos experimentos, la posición del trabajador se transformó en una posición análoga a la del artesano descripto por Blauner, de tal suerte que, además de un aumento en su satisfacción con el puesto de trabajo, se podría esperar que también aumentaran su sentido de confianza y aptitud personal, y tal cosa es lo que en efecto sucedió. Así, estos experimentos brindan mayor confirmación empírica acerca de afirmación que realizan los teóricos de la democracia participativa sobre la importancia de la interacción entre las orientaciones psicológicas de los individuos y la estructura de autoridad de sus instituciones.

Sin embargo, si bien los ejemplos del libro de Blumberg involucran un aumento en la participación por parte de los trabajadores en la toma de decisiones, se trata de ejemplos de experimentos bastante pequeños y de

[74] Véase Blumberg (1968: 80-84).

corto plazo, que inclyen a pocos trabajadores y decisiones relativamente menores y, lo más importante, casi no afectan la estructura general de autoridad de la empresa. Un gran defecto del libro de Blumberg es que, si bien ha recopilado convenientemente estos ejemplos de experimentos en materia de participación, no ha situado dichos ejemplos en el contexto de un análisis del concepto de participación –industrial– mismo y, por lo tanto, no diferencia suficientemente los diversos ejemplos ni relaciona sistemáticamente los experimentos de participación a pequeña escala con su exposición sobre la participación a mucha mayor escala en el capítulo dedicado a la organización de la industria en Yugoslavia. Blumberg también pasó por alto cierto material importante sobre la participación industrial que brinda un ejemplo de una forma diferente de participación respecto de la que se muestra en el material sobre experimentos en materia de participación. Este último material suministra un ejemplo de lo que llamaremos "participación parcial", pero también hay disponible evidencia que ilustra que es posible lo que llamaremos "participación plena". La diferencia significativa reside en que, en la última situación, los grupos de trabajadores son, en su mayor medida, autodisciplinados, y tiene lugar una considerable transformación de la estructura de autoridad de la empresa, al menos al nivel del proceso diario de trabajo. Más aun, en los ejemplos que siguen, no sólo los grupos de trabajadores ejercen un control pleno sobre su trabajo en un espectro amplio, sino que lo hacen en el curso de su trabajo diario y no como parte de un experimento; en efecto, el trabajo de estos empleados está organizado justamente sobre esa premisa. Estos ejemplos también son de interés por una razón totalmente diferente: si la sociedad participativa es una condición necesaria para la democracia –y, como requisito previo, una esfera industrial participativa–, el problema que surge es cómo hacer la transición a un sistema de este tipo, porque claramente el tipo de ejemplos de participación mencionados hasta ahora no llenan los requisitos solicitados por la teoría de la democracia participativa. Cole, en realidad, tenía una respuesta a este problema: consideraba que la transición vendría de una política de "traspaso del control". Esta política se dirigiría "no a la admisión de los trabajadores al ejercicio conjunto de un control común con el empleador, sino a la transferencia de ciertas funciones *completamente* del empleador a los trabajadores" (1920c: 156). El medio por el cual esta transferencia tendría lugar era el contrato colectivo; la negociación colectiva se extendería en un campo mucho más amplio que en el presente, y daría nuevos poderes a los trabajadores. Todos los trabajadores negociarían un contrato en una fábrica o empresa en particular en virtud del cual controlarían colectivamente cuestiones tales como contratar y despedir, el ritmo de producción y la elección del capataz, serían responsables grupales de la disciplina y recibirían un pago global –colectivo– que sería repartido de manera consensuada.[75] La factibilidad de este tipo de acuerdo y de esta clase de participación por parte de los empleados se ve en los ejemplos tomados de dos rubros industriales muy diferentes.

Los acuerdos colectivos han sido un rasgo tradicional de la minería británica, y su forma moderna, en las minas de carbón de Durham, ha sido objeto de un estudio intensivo y detallado en los últimos años; este estudio fue inicialmente impulsado por una gran oleada de enfermedades por estrés ocurrida entre los mineros.[76] En virtud de los métodos tradicionales de trabajo, el minero de carbón se supervisaba a sí mismo y era responsable directo de la producción; el papel del supervisor era más bien de servicio y no de supervisión. Con posterioridad a la guerra

---

[75] Véase, por ejemplo, Cole (1920c: 154-157; 1920b: 198 y ss.).

[76] El trabajo se llevó a cabo en el Instituto Tavistock de Relaciones Humanas dentro del marco de un concepto desarrollado por ellos, el del "sistema sociotécnico". La pertinencia de este concepto con la presente exposición es clara; a partir de este punto de vista, los sistemas productivos no se ven sólo en tanto procesos tecnológicos, sino como sistemas de tres variables interrelacionadas: la tecnológica, la económica y la sociopsicológica. La forma de la organización laboral y sus propiedades sociales y psicológicas se ven como independientes de la tecnología, aunque limitadas por esta. Véase, por ejemplo, Trist y Emery (1962).

se adoptó una forma de organización laboral conocida como "minería de tajo largo", que se basaba en los métodos de producción masiva y en la división del trabajo. Fue a partir de esta forma de organización que los investigadores notaron los efectos psicológicos perniciosos que se producían. En particular, este método significaba que la coordinación y el control debían provenir del exterior, de la gerencia, y esta situación implicaba un grado de coacción que estaba por completo fuera de lugar en las situaciones de alto riesgo.[77] Pero también había disponible otro tipo de organización laboral, que tenía sus raíces en los métodos mineros tradicionales; este método implicaba una forma de contrato colectivo, la abolición de la rígida división del trabajo y el funcionamiento de los obreros como un grupo autorregulativo. Se lo ha descrito de esta manera:

> El grupo asume responsabilidad completa respecto del ciclo total de operaciones involucradas en la minería del carbón. Ningún miembro tiene un papel laboral fijo. En lugar de ello, los hombres se despliegan según los requisitos de la tarea grupal de que se trate. Dentro de los límites de la tecnología y los requisitos de seguridad, son libres de crear su propia forma de organización y de llevar adelante sus tareas. No están sujetos a ninguna autoridad externa a este respecto, ni hay dentro del grupo mismo ningún miembro que adopte una función formal de liderazgo directivo [...] El acuerdo salarial abarcativo [...] se basa en el precio negociado por tonelada de carbón producida por el equipo. El ingreso obtenido se divide en partes iguales entre los miembros del equipo. (Herbst, 1962: p. 4)

En virtud de este método, la productividad fue más alta que con el método anterior, y propició el "bajo costo, la satisfacción laboral, las buenas relaciones y la salud social" (Trist *et al.*, 1963: 291). Durante dos años operaron de esta forma grupos de cuarenta a cincuenta mineros, y al final de ese plazo, en opinión de los investigadores, seguían creciendo

---

[77] Trist y Bamforth (1951), y Trist *et al.* (1963: 289 y ss.).

"en su capacidad de adaptarse a los cambios en su entorno laboral y de satisfacer las necesidades de los miembros" (Trist et al., 1963: XIII).[78]

De nuevo: lo importante es el impacto psicológico de la participación amplia en la toma de decisiones posibilitada por tal contrato colectivo. Pero si los mineros y la minería pudieran ser pensados en algún sentido como algo excepcional, hay un segundo ejemplo de esta forma de participación que puede encontrarse en la industria automotriz. En su libro *Decision-making and Productivity* (1958), Melman explica la organización del trabajo mediante el sistema de brigadas que operaba en la planta automotriz Standard de Coventry, a principios de la década de 1950. Si bien las tareas que cada trabajador llevaba a cabo eran muy parecidas a las de cualquier otra planta de montaje, la forma revestida por la organización de trabajo era muy diferente, ya que se basaba en grupos autorregulatorios similares a los del método utilizado en la minería –de allí el nombre "sistema de brigadas"–. En 1953, en la planta automotriz, los trabajadores fueron agrupados en quince brigadas autorreclutadas, y, en la planta de tractores, sus tres mil trabajadores operaban como una sola brigada; el pago se realizaba sobre la base de la cantidad de trabajo realizado más un premio calculado en función de la productividad total de la brigada. En virtud de este sistema, los trabajadores "no son sólo empleados de producción que llevan a cabo [...] tareas ocupacionales; también actúan en la formulación de decisiones sobre producción que ellos mismos llevan a cabo" (1958: 92). Un trabajador automotor describió de la siguiente forma el sistema de brigadas: "Brinda un marco natural de seguridad

[78] También se realizó con éxito un experimento en materia de reorganización del trabajo en una planta textil de India, en la que se emplearon grupos autorregulatorios de trabajadores. Véase Rice (1958). J. S. Mill también menciona un contrato colectivo entre los mineros de Cornwall de su tiempo, y señala que este sistema producía "un grado de inteligencia, independencia y elevación moral que mejora la condición y el carácter del minero de Cornwall mucho más que en la generalidad de la clase trabajadora". Mill (1965), libro IV, capítulo VII, párrafo 5, p. 769.

personal, da confianza, hace que el dinero se reparta equitativamente, hace que utilicemos todas nuestras capacidades sin distinción y permite que se asignen ocupaciones a los hombres y mujeres más capacitados para ellas; y esta asignación suele estar a cargo de los trabajadores mismos" (Wright, 1961: 50). Melman concluía que, en virtud del sistema de brigadas, "miles de trabajadores operaban casi sin supervisión, como se entendía convencionalmente, y con alta productividad; se les pagaba el salario más alto de la industria británica; se producían artículos de alta calidad a precios aceptables en plantas ampliamente mecanizadas; la gerencia manejaba los asuntos a costos inusualmente bajos; además, los obreros tenían un papel sustancial en la toma de decisiones referida a la producción" (1958: 5).

Melman no considera específicamente el efecto psicológico del sistema de brigadas, pero a la luz de la evidencia tomada de la industria minera, y a partir del hecho de que este tipo de autorregulación colectiva es análoga a la situación de los equipos de la planta química descripta por Blauner, puede concluirse que tal efecto podría propender al desarrollo del sentido de eficacia y aptitud en el que estamos interesados. Es sumamente significativo que pueda transformarse la situación de la industria automotriz de esta forma, porque ya hemos visto que, dentro de una estructura ortodoxa de autoridad, produce precisamente el efecto psicológico opuesto; estos dos ejemplos muestran que es posible –al menos, al nivel del proceso cotidiano de trabajo– que la estructura de la autoridad en la industria se modifique considerablemente, que los trabajadores ejerzan un control casi completo sobre sus puestos de trabajo y que participen en una amplia gama de toma de decisiones sin que se pierda la eficiencia productiva.

Finalmente, hay una gran cantidad de material pertinente a la participación en el lugar de trabajo en la forma de experimentos sobre los efectos de los diferentes estilos de supervisión y lo que podría llamarse (siguiendo a Likert) teorías sobre nuevos patrones de gestión. Es dentro de este contexto que la noción de "participación" se ha vuelto tan popular recientemente, si bien, curiosamente, la forma que aquí toma con frecuencia no involucra ninguna toma de decisiones y es lo que distinguiremos más tarde como "pseudoparticipación". Este material es de especial interés porque –además de brindar mayor confirmación a los argumentos ya expuestos– aclara las hipótesis específicas sobre la participación planteadas por los teóricos de la democracia participativa y, en segundo lugar, es influyente en la práctica gerencial de nuestros días.

A fines de la década de 1930 se realizó una famosa serie de experimentos sobre pequeños grupos bajo la dirección de Lewin. Parecían mostrar que una forma "democrática" de liderazgo era más efectiva que una forma "autoritaria" o una del tipo *laissez faire*. La superioridad surgía de los efectos psicológicos del elemento de participación permitido por la forma "democrática", ya que este mejoraba el ánimo del grupo, su satisfacción con las tareas y el interés en ellas, entre otros factores.[79] Los experimentos más recientes sobre estilos supervisorios surgieron de este precedente; los relatos sobre estos y sus efectos pueden encontrarse en el libro de Blumberg mencionado anteriormente (1968: 102-119). Habitualmente se contrastan los estilos "cerrado" y "general" o "participativo". Este último parece estar relacionado con "un conjunto de otros rasgos, como tendencias a delegar autoridad, no imponer presión a los subordinados y permitir libertad de conducta a los empleados [...]; bajo supervisión general, los trabajadores son más libres de emplear su propia iniciativa, de tomar más decisiones referidas a su puesto de trabajo y de implementar estas decisiones" (Blumberg, 1968: 103). Este estilo de supervisión da lugar a una situación similar a la creada por la ampliación del puesto de trabajo o los experimentos de participación; los efectos psicológicos y los efectos favorables sobre la eficiencia son también similares.

La mayor armonía grupal y el sentido de colaboración promovidos por la experiencia de participación apoyan la sugerencia que hacen los

[79] Hay varios relatos sobre estos experimentos. Véase, por ejemplo, White y Lippitt (1960).

teóricos de la democracia participativa de que la participación tiene una función integradora. El énfasis que la literatura sobre participación pone en resultados de este tipo también indica que la participación contribuye a la aceptación de las decisiones. Los experimentos realizados sobre pequeños grupos agregan alguna evidencia interesante sobre este punto. En el experimento sobre participación descripto anteriormente (Blumberg, 1968: 80-84), el objetivo del ejercicio era encontrar el mejor método para asegurar la introducción amable de un cambio en el proceso laboral. En realidad, una de las principales hipótesis para cuya demostración se utilizaron los experimentos con pequeños grupos es la que Verba (1961) denomina "hipótesis participativa"; es decir, que "pueden producirse rápidos cambios significativos en la conducta humana sólo si las personas de quienes se espera el cambio participan en la decisión de en qué consistirá el cambio y cómo se lo introducirá" (p. 206). En la exposición sobre la teoría de Rousseau, se señaló que parte de la razón por la cual el individuo consideraba aceptable una ley concebida a través del proceso participativo era que esta se consideraba "impersonal" –permitía que el individuo siguiera siendo "dueño de sí mismo"–. En los experimentos con pequeños grupos, cada individuo, durante el proceso de toma de decisiones, era capaz de observar cómo los otros aceptaban la decisión y, por lo tanto, él mismo se comprometía "desde su fuero interno" con tal decisión. Verba cita varios experimentos que señalaban que el carácter "impersonal" de tales decisiones constituye un factor fundamental para tornarlas aceptables (Verba, 1961: 173-175).[80] Este material sobre supervisores y pequeños grupos también brinda alguna evidencia –aunque no tanta como nos gustaría– sobre otro aspecto de la teoría de la democracia participativa. Los defensores de la teoría contemporánea sostienen que ciertos rasgos de la personalidad –el carácter "autoritario" o "no democrático"– tienen que tomarse como dados; es decir, la participación activa de tales individuos sería peligrosa para el sis-

[80] Veánse también las páginas 227-228.

tema político democrático. Por otra parte, la teoría participativa sostiene que la experiencia misma de la participación desarrollará y promoverá una personalidad "democrática" –las cualidades necesarias para el funcionamiento exitoso del sistema democrático– y que será así para todos los individuos. Blumberg (1968) señala que los primeros experimentos de Lewin mostraron que "los rasgos de personalidad [...] eran variables dependientes, alteradas significativamente por la organización del grupo en estructuras autoritarias, democráticas, o de *laissez faire*" (p. 109). En otro estudio se observó que, cuando los trabajadores empleados en un trabajo administrativo rutinario funcionaban durante un año en una situación participativa, el resultado era una disminución en la potencia de las "tendencias jerárquicas" de sus personalidades, y las "tendencias autónomas" tenían más oportunidad de expresarse; "los datos parecen indicar que el cambio mensurable puede verse afectado por un cambio persistente en las condiciones ambientales. Además, el cambio parece parcialmente explicable en términos del movimiento de la personalidad hacia el equilibrio con su entorno" (Tannenbaum, 1957). O, como lo expresa Blumberg, "una estructura de participación [...] en el largo plazo se torna más efectiva debido a la compatibilidad que finalmente se logra entre la personalidad y la estructura. En otras palabras, la organización que permite la participación produce, en última instancia, individuos que son responsables de la participación" (1968: 109).

Parece probable que en el futuro se introduzca un elemento de participación en la vida laboral de numerosos individuos fruto de la influencia de las nuevas teorías del gerenciamiento desarrolladas en la última década. Si bien la teoría más ortodoxa se deriva de las doctrinas del gerenciamiento científico de Taylor y de los escritos de teóricos como Urwick –quien enfatiza la estructura de autoridad en forma de pirámide, la cadena de mando, el alcance del control y otros factores–, las nuevas teorías tienen sus orígenes en ciertas teorías psicológicas modernas como la de Maslow y el movimiento de relaciones humanas que surgió de los famosos experimentos de Hawthorne. Fue este último el que dio lugar al argumento de que la eficiencia no dependía tanto de los aspectos mecánicos o técnicos del puesto de trabajo, o de la correcta estructura organizativa, sino del "elemento humano" en la industria. Fueron los experimentos de Hawthorne los que demostraron –o, al menos, muchos lo consideran así– la importancia crucial de las relaciones interpersonales en el lugar de trabajo y el abordaje –estilo– del supervisor.[81] Ciertos autores modernos como McGregor o Likert suelen recibir la denominación de "neo humano relacionistas" y, al igual que sus predecesores, ponen énfasis en la importancia del "clima" interpersonal en la empresa. La teoría que presenta McGregor en *The Human Side of Enterprise* y la que expone Likert en *New Patterns of Management* están edificadas sobre la evidencia de la superioridad del estilo "participativo" de supervisión. Likert (1961) brinda un interesante ejemplo de cómo podría introducirse la participación en la estructura de gerenciamiento de la empresa del futuro. Sostiene que, a los efectos de lograr eficiencia, la estructura gerencial debería construirse alrededor de grupos de trabajo organizados sobre una base participativa –o según el principio de "relaciones de apoyo"–. Estos grupos están vinculados dentro del marco total de la organización mediante individuos "con una pertenencia 'superpuesta' en diversos grupos. El superior de un grupo es subordinado en el siguiente grupo, y así sucesivamente en toda la organización" (p. 105). Esto significa que "los diferentes niveles de la empresa no deben ser concebidos como contando con más o menos autoridad, sino como vinculando mayor o menor

---

[81] Los informes sobre los experimentos de Hawthorne han sido recientemente objeto de examen por parte de Carey (1967). Este concluye que, luego de algunas duras críticas sobre la forma en que dichos experimentos se llevaron a cabo, "las limitaciones de los estudios de Hawthorne claramente los tornan incapaces de brindar un apoyo serio a cualquier tipo de generalización". Blumberg dedica dos capítulos de su libro a la reinterpretación de los estudios de Hawthorne, pero en vista de las críticas de Carey –las que no menciona– parece dudoso citar el material de Hawthorne en apoyo de una tesis sobre participación, o en apoyo de cualquier otra cosa.

cantidad de grupos de trabajo" (Likert, 1961: 186).[82] Si se pretende que esta forma de organización sea efectiva, la comunicación tiene que fluir tanto de abajo hacia arriba como de arriba hacia abajo y lateralmente. "Dar y compartir información constituye un paso esencial en el proceso de participación" (p. 243).

Blumberg ha dicho acerca del material empírico sobre participación en el lugar de trabajo que "casi no hay ningún estudio en toda la literatura disponible en el que no se demuestre que la satisfacción en el trabajo mejora o que se producen otras consecuencias beneficiosas a partir de un genuino aumento en el poder de toma de decisiones de los trabajadores. Tal congruencia de resultados, admito, es infrecuente en la investigación científica social" (1968: 123). Tal afirmación es una gran verdad; es realmente muy difícil encontrar algún estudio que sugiera lo contrario. En parte, esto puede deberse al hecho de que estén involucrados tantos efectos diferentes; la participación, por lo general, parece actuar positivamente en la satisfacción laboral, por ejemplo, pero un incremento en esta última no siempre puede ir de la mano con un aumento en otro factor –por ejemplo, la colaboración del trabajador con la gerencia–, de tal suerte que los resultados dependen del interés que guíe cada caso en particular.[83] Hay una objeción que, ciertamente, no es válida: se ha sugerido que la participación es efectiva sólo en entornos de producción por unidad o artesanales. La evidencia citada anteriormente de las industrias automotriz y minera muestra que este punto de vista es

[82] Likert enfatiza que es necesario que el supervisor de un grupo –que es subordinado en el siguiente grupo– sea capaz de participar en la toma de decisiones también de ese grupo; de lo contrario, no será capaz –debido a su falta de influencia– de satisfacer las aspiraciones y expectativas de su propio grupo, surgidas por la experiencia de un entorno participativo. Es decir, cuando no se verifican tales circunstancias, un estilo "participativo" de supervisión podría conducir a la *insatisfacción* entre los empleados (Likert: 113). Véase también Blumberg (1968: 116-17).

[83] Sobre este ejemplo, véanse los comentarios que figuran en Lupton (1963: 201).

erróneo. También se ha sugerido que la participación no es de utilidad en situaciones de crisis (véase Blumberg: 132). Que esta afirmación sea o no verdadera no resulta pertinente para nuestros propósitos, ya que estamos interesados en la participación en situaciones cotidianas, que no involucran crisis; es decir, en la participación en el lugar de trabajo. Aquí, toda la evidencia apunta a que no sólo la participación tendrá un efecto favorable sobre la persona en relación con el desarrollo del sentido de eficacia política, sino que no perjudicará la eficiencia de la empresa; por el contrario, puede hacer que aumente.

Se ha demostrado que tienen considerable apoyo empírico los principales argumentos de la teoría de la democracia participativa sobre el políticamente importante impacto psicológico de la participación en estructuras de autoridad no gubernamentales, y el papel central de la industria en el proceso de socialización democrática. Más aun: se ha observado que la participación a nivel del proceso inmediato de trabajo es algo deseado por la mayor parte de los trabajadores. La evidencia indica que sería factible introducir la participación a este nivel; además, numerosas teorías recientes sobre el gerenciamiento sostienen que tal sistema participativo es la forma más eficiente de manejar una empresa. Pero, si bien todo lo dicho es verdad en lo que se refiere a la participación a nivel fabril, todavía no se ha dicho nada sobre la participación en las decisiones que afectan a los asuntos más importantes de la empresa ni se ha expresado nada sobre la cuestión de democratizar toda la estructura de autoridad. Antes de examinar la evidencia sobre este aspecto o de aclarar las cuestiones que lo conforman, es necesario analizar el concepto de participación aplicado al contexto industrial e investigar la relación entre "participación" y "democracia industrial".

CAPÍTULO IV
"Participación" y "democracia" en la industria

Si bien el concepto de "participación" es ampliamente utilizado por autores que escriben sobre cuestiones de gestión empresarial, en más de un caso queda sin definir o, si se brinda una definición, esta suele ser muy imprecisa. McGregor (1960: 124), por ejemplo, luego de mencionar que "la participación es una de las ideas menos entendidas que hayan surgido del campo de las relaciones humanas", dice también

> consiste básicamente en crear oportunidades bajo condiciones adecuadas para que la gente influya en las decisiones que la afectan. Dicha influencia puede variar de muy poca a mucha [...][La participación] es un caso especial de delegación en el cual el subordinado logra mayor control y mayor libertad de elección con respecto a sus responsabilidades. Con frecuencia, el término "participación" se aplica a la mayor influencia del subordinado respecto de cuestiones incluidas en las responsabilidades del superior. (pp. 126 y 130)

Otra definición típica de "participación" es la siguiente:

> La participación es cualquier proceso por el cual los empleados que no revisten rango gerencial contribuyen a la toma de las decisiones gerenciales que afectan su trabajo. (Sawtell, 1968: 1)

Una tercera definición afirma que la participación en la toma de decisiones es

> la totalidad de las formas en que, en las organizaciones, los subordinados ejercen un poder percibido como legítimo por ellos mismos y por sus superiores (Lammers, 1967: 205).

Likert es un ejemplo de un autor que no brinda una definición de "participación", pero él y McGregor plantean un continuo de situaciones a las cuales puede aplicárseles el término "participación"; o, mejor dicho, un continuo que se extiende de una situación de "poca" participación a otra de "mucha" participación. En el continuo de McGregor, una situación de "poca" participación es aquella en la cual los subordinados pueden cuestionar a un gerente acerca de alguna decisión tomada por este, y en el extremo opuesto se verifica una situación en la cual el superior es indiferente entre varias alternativas, de tal suerte que los empleados pueden elegir (1960: 126-127). El continuo presentado por Likert (1961) comprende una gama bastante amplia de posibilidades; desde una situación de "poca participación" –"no se brinda ninguna información a los empleados ni sobre la situación actual ni en previsión de cambios propuestos"– a la situación en que "los subordinados y el líder abordan y resuelven el problema actuando como grupo y utilizando los mejores métodos disponibles para ello" (p. 243).

Incluir una gama tan amplia de situaciones de autoridad bajo el título general de "participativas" implica soslayar las cuestiones en juego; para que la noción de "participación" sea de alguna utilidad en el tratamiento de los problemas que entraña la democracia industrial –o de los problemas generales de la gestión–, debe intentarse un análisis mucho más riguroso. Hay disponible, sin embargo, una definición que permite emprender un camino en esta dirección y trazar algunas distinciones útiles. French, Israel y Aas (1960) afirman que la "participación" en la esfera industrial se refiere a "un proceso en el cual dos o más partes se influyen recíprocamente en la puesta en marcha de planes, políticas o decisiones. Este proceso se circunscribe a decisiones que producirán efectos en todos aquellos que toman las decisiones o en sus representados". Esta definición, según estos tres autores, excluye las siguientes situaciones: cuando un individuo, A, meramente forma parte de una actividad grupal; cuando A meramente recibe información sobre una decisión que lo afecta, y la recibe antes de que se ejecute la decisión; cuando A está presente en una reunión, pero no tiene capacidad de influir en ella (p. 3).

Esta definición pone en claro que la participación debe ser participación *en* algo; en este caso, participación en la toma de decisiones (confróntese con la definición de la teoría participativa de la democracia). Ahora bien: en el habla común, utilizamos la palabra "participación" en un sentido muy amplio que contempla casi todas las situaciones en las que tiene lugar alguna cantidad mínima de interacción, y con frecuencia damos a entender con ella poco más que el hecho de que un individuo en particular estaba presente en una actividad grupal. En la definición anterior, este sentido amplísimo se encuentra debidamente excluido. Toda la cuestión sobre la que versa la participación industrial es que esta implica una modificación, en mayor o menor grado, de la estructura ortodoxa de autoridad; es decir, una estructura en la que la toma de decisiones es la "prerrogativa" de la gerencia y en la cual los trabajadores no desempeñan papel alguno. Este es el punto soslayado por numerosos autores sobre gestión y gerenciamiento. En la definición y en los "continuos" dados en párrafos anteriores, se incluyen numerosas situaciones que estarían excluidas en la definición de French, Israel y Aas. El hecho de que los autores sobre gerenciamiento no distingan más cuidadosamente entre situaciones "participativas" no sorprende cuando consideramos qué razones tienen para estar interesados en la participación en el lugar de trabajo. Para ellos, se trata simplemente de una técnica de gestión entre otras que puede ayudar a lograr el objetivo global de la empresa: la eficiencia de la organización. Como hemos visto, la participación puede ser efectiva para aumentar la eficiencia, pero lo que importa es que estos autores utilizan el término "participación" para referirse no sólo a un método de toma de decisiones, sino también para referirse a técnicas utilizadas para convencer a los empleados de aceptar decisiones que *ya* han sido tomadas por la gerencia. A las situaciones de este tipo –donde lo que sucede, en realidad, es que no hubo participación en la toma de decisiones– las llamaremos, siguiendo a Verba, *pseudoparticipación*. Un ejemplo típico sería la situación en la que el supervisor, en lugar de solamente informarles a los empleados acerca de una decisión, les permite que lo cuestionen y que la debatan. En realidad, muchos de los llamados "experimentos de participación" con pequeños grupos revistieron esta forma. Como señala Verba, con frecuencia el interés no estaba puesto en plantear una situación en la que hubiera participación –en la toma de decisiones–, sino en crear un *sentimiento* de participación a través de la adopción por parte del líder –el supervisor– de un cierto abordaje o estilo; la "participación", por lo tanto, "se limitaba al apoyo, por parte de los miembros, a las decisiones tomadas por el líder, quien [...] no fue elegido por el grupo ni es responsable de sus acciones ante el grupo [...] El líder del grupo tiene en mente un objetivo en particular y emplea los debates del grupo como medio para inducir la aceptación de dicho objetivo". Verba agrega que es particularmente en el campo de la psicología industrial donde "el liderazgo participativo se ha convertido en una técnica de persuasión más que de decisión" (Verba, 1961: 220-221).[84]

Habiendo distinguido situaciones de pseudoparticipación, podemos ahora examinar más de cerca la participación en la toma de decisiones. En primer lugar, debería señalarse que, si ha de producirse dicha participación, entonces debe satisfacerse una condición necesaria, a saber: que

[84] Una razón dada por Stephens (1961) para introducir la ampliación del puesto de trabajo es permitir que los empleados *sientan* como si estuvieran participando; confróntese también el comentario de Bell sobre la escuela de gestión en relaciones humanas: "los fines de la empresa siguen siendo los mismos, pero los métodos han mutado y los viejos estilos de coacción abierta se ven ahora reemplazados por la persuasión psicológica" (Bell, 1960: 244).

los empleados deben tener en su poder la información necesaria sobre la cual fundar su decisión (confróntese la cita de Likert sobre la membresía superpuesta en diferentes grupos). Esto, claramente, es indiscutible en la teoría, pero en la práctica significaría dar considerablemente más información a los empleados de lo que suele suceder en la actualidad.

La definición que tomamos como punto de partida no puede ser aceptada sin más. En ella se afirma que la "participación" es un proceso "en el cual dos o más partes se influyen recíprocamente en la toma [...] de decisiones". En particular, el uso de las palabras "influencia" y "partes" necesita mayor examen. En la teoría de la democracia participativa, la frase "igualdad política" se refiere a la igualdad de poder político para determinar el resultado de las decisiones, y "poder", según han dicho Laswell y Kaplan (1950: 75), "es participación en la toma de decisiones". Si bien los términos "influencia" y "poder" están muy relacionados entre sí, no son sinónimos, y es además significativo que, en las definiciones citadas, se utilice habitualmente el primero de ellos. Estar en situación de influir en una decisión no es lo mismo que tener el poder de determinar el resultado o de tomar tal decisión. Siguiendo a Partridge (1963), podemos decir que la palabra "influencia" es aplicable a una situación donde el individuo A afecta al individuo B, sin que B subordine sus deseos a los de A (p. 111). Es decir, A tiene influencia sobre B y sobre la toma de una decisión determinada, pero es B quien tiene el poder, en definitiva, de decidir. El uso de la palabra "partes" en la definición –"dos o más partes se influyen recíprocamente"– implica una oposición entre dos bandos, que es de hecho lo que sucede en la situación industrial: las partes en cuestión son la gerencia y los trabajadores. Además, el poder final de la decisión reside en la gerencia; los trabajadores, si es que pueden participar, sólo son capaces de influir en tal decisión. Como son trabajadores, se encuentran en la (desigual) posición de subordinados permanentes; la "prerrogativa" final de la toma de decisiones se encuentra en los superiores permanentes, es decir, la gerencia. Llamaremos *participación parcial* a este tipo de situación participativa; es parcial porque A, el trabajador, no tiene un poder equivalente para decidir el resultado de las decisiones, sino que sólo puede influir en ellas. Así, podemos corregir la definición de French, Israel y Aas de modo que se lea de la siguiente forma: "La participación parcial es un proceso en el cual dos o más partes se influyen recíprocamente en la toma de decisiones, pero el poder definitivo de decisión se encuentra sólo en manos de una de ellas".[85]

La mayor parte de los ejemplos de participación en las plantas fabriles del capítulo anterior eran de participación parcial, y de participación en lo que puede llamarse el "nivel bajo de gerencia". Este nivel bajo se refiere, en términos generales, a las decisiones de gerencia relativas al control de la actividad cotidiana de la planta fabril, mientras que con "nivel alto" nos referimos a decisiones que se relacionan con el manejo de toda la empresa, decisiones sobre inversión, mercadotecnia y otras por el estilo. La participación parcial es posible a cualquier nivel de gerencia. Dos de los ejemplos empíricos de participación dados anteriormente, sin embargo, ilustran una segunda forma de participación a bajo nivel; se trata de los ejemplos de contratos colectivos en la industria minera y en la automotriz. Allí, los grupos de trabajadores operaban prácticamente sin supervisión por parte de la gerencia, y lo hacían como grupos autorregulados que tomaban sus propias decisiones sobre el proceso diario de trabajo. En este

[85] En la práctica, en cualquier caso en particular, sería difícil distinguir la situación en la cual la verdadera influencia sí surge de la pseudoparticipación, cuando no es así. Pero la distinción teórica es clara. Un punto importante es que la participación parcial o situación de "influencia" puede distinguirse de otra donde, si bien se produce la "influencia", no tiene lugar ninguna participación. Este es el caso en el que entra en juego la "ley de reacciones previstas" de Friedrich. Un ejemplo en el contexto industrial sería aquel donde la gerencia de una empresa redacta una lista de alternativas a partir de las cuales se tomará la decisión final sobre una política, pero no se incluye como posibilidad práctica una alternativa teóricamente posible –por ejemplo, un recorte salarial– porque la solidez del sindicato la torna imposible. Aquí, el sindicato ha influido en la decisión final, pero no se ha verificado participación alguna.

tipo de situación (en este ejemplo, sólo a nivel bajo) no hay dos "bandos" que tengan poderes desiguales en la toma de decisiones, sino un grupo de individuos iguales que tienen que tomar sus propias decisiones sobre cómo se asignará el trabajo y cómo se lo llevará a cabo. Situaciones de este tipo son las que llamaremos "de *participación plena*"; es decir, esta forma de participación es "un proceso en el cual cada miembro de un cuerpo que toma decisiones tiene igual poder para determinar el resultado de las decisiones". Al igual que la participación parcial, la participación plena es posible en el nivel gerencial alto, el bajo, o en ambos.[86]

Ya que hemos establecido la diferencia entre participación parcial y participación plena, podemos ahora dedicarnos a la cuestión de la relación entre participación y democracia en la industria. En gran parte de la literatura, el término "participación" se usa con extrema laxitud, y lo mismo pasa con la palabra "democracia". No sólo sucede que ambas pala-

[86] Este uso particular del término "participación" se aparta del que hacen numerosos autores, quienes consideran que "participación" alude a una situación de toma compartida o conjunta de decisiones, que involucra dos bandos, y cuya única alternativa es la toma unilateral de decisiones por parte de un bando o el otro (véase, por ejemplo, Sawtell, 1968, pp. 3 y 28). Una opinión similar parece ser la de un defensor actual de la democracia industrial y el control en manos de los trabajadores, tal como indica este pasaje –que es bastante extremo–: "La participación tiene la relación más íntima y desagradable con toda la cadena de malvados y desagradables predecesores en la secuencia de dispositivos para evitar la demanda de control de una creciente clase trabajadora" (Coates, 1968: 228). Si bien este punto de vista refleja el hecho de que la "participación" ha sido con frecuencia utilizada para significar sólo la pseudoparticipación, ilustra bien la falta de claridad que impera en la mayor parte de los debates sobre participación industrial y democracia. Soslaya el hecho de que "control" y "participación" no representan alternativas; más bien, no puede haber control sin participación; la cantidad depende de la forma que adopte esta última. No hay buenos motivos para circunscribir la "participación" a una situación en la que hay dos bandos porque, como se mostrará seguidamente, donde existe democracia industrial, ya no hay "bandos" en el sentido actual.

bras se emplean indistintamente; también, con frecuencia, "democracia" se refiere al "clima" general que impera en una determinada empresa y no alude a un tipo particular de estructura de autoridad; ese "clima" es el que se crea a través del método de abordaje –el estilo– del supervisor o gerente; es decir, a menudo se emplea la palabra "democracia" para describir situaciones de pseudoparticipación o meramente para indicar que reina una atmósfera amigable. Como se ha señalado en una crítica al uso del término "democracia" en los experimentos originales de Lewin, el supuesto era que esta "surgiría naturalmente de un sentimiento de persona a persona en una vida comunitaria tolerante y generosa" (Kariel, 1956: 288).[87] También se afirma con frecuencia que la democracia industrial *ya* existe en la mayor parte de los países occidentales industrializados. Tal vez la expresión mejor conocida de este punto de vista es la de H. A. Clegg, uno de los principales expertos británicos en asuntos industriales, en su libro *A New Approach to Industrial Democracy* (1960). Desde nuestro punto de vista, es especialmente interesante el hecho de que Clegg base sus argumentos en los textos teóricos recientes sobre democracia política, es decir, en los escritos de los defensores de la teoría contemporánea de la democracia. Sin embargo, la afirmación de Clegg de que "en todas las democracias estables hay un sistema de relaciones industriales que razonablemente pueden llamarse 'el paralelo industrial de la democracia política'" (p. 131) simplemente no es correcta. Clegg sostiene que la teoría democrática reciente ha mostrado que el principal requisito de la democracia es la existencia de una oposición (p. 19). En la industria, esta oposición está dada por los sindicatos, mientras que los empleadores –la gerencia– desempeñan el papel de "gobierno". No es esta analogía

[87] Resulta muy significativo que los experimentos originales hayan sido realizados con niños de diez años. En esencia, lo único que se logró con el estilo "democrático" de liderazgo fue situar a los niños en el tipo de entorno "centrado en el chico" que podrían encontrar hoy en una escuela moderna, con maestros que conocen a fondo los métodos pedagógicos y la psicología educativa de nuestros días.

lo que es objetable; la cuestión es que la comparación entre la situación de autoridad en la industria y la teoría contemporánea de la democracia no es válida. Como lo han señalado varios comentaristas –aquí, en palabras de Ostergaard–, en la industria "el gobierno (la gerencia) está permanentemente en su cargo, se recluta a sí mismo y no da explicaciones a nadie, salvo, como cuestión formal, a los accionistas (o al Estado)" (Oestergaard, 1961: 44).[88] Sería ciertamente un teórico "democrático" de lo más extraño aquel que abogara por un gobierno irremplazable e irrevocable de su cargo. Por supuesto, en la teoría contemporánea de la democracia, la característica definitoria es sólo que hay equipos de líderes reemplazables y en situación de competencia.

Para que la estructura de autoridad en la industria llegue a ser el paralelo real del sistema político nacional, el "gobierno" debería ser electo –y eliminable– por parte de todo el plantel de empleados de cada empresa o, en su defecto, en el caso del sistema democrático directo, todos los empleados deberían tomar las decisiones gerenciales. En cualquiera de ambos casos, fuera el sistema democrático de tipo representativo o directo, esto significaría que la presente distinción entre la gerencia –permanentemente en su cargo– y los trabajadores –subordinados permanentes– ha sido abolida. Allí donde todo el plantel de empleados tomara las decisiones, los gerentes serían simplemente trabajadores ocupando una posición diferente. Todo sistema de democracia industrial implica la

---

[88] Clegg también sostiene que la democracia industrial no puede tener otro significado que el que él le otorga porque "es imposible que los trabajadores tomen parte directa en la gestión empresaria" (p. 119). Esta afirmación es de lo más extraña. Ya hemos visto que los trabajadores *pueden* tomar parte –participar– en la gestión –de bajo nivel–; por su parte, Clegg no sólo se refiere al ejemplo del contrato colectivo sin que en apariencia se dé cuenta de su significación, sino que no ve que, a través de la negociación colectiva –en la que hace tanto énfasis– también es posible la participación parcial en la gestión empresaria (véase más adelante). Véase en Blumberg (1968, capítulo 7) una crítica más amplia y reciente sobre el libro de Clegg.

oportunidad de que los empleados tengan una participación plena de alto nivel. Por otro lado, la participación parcial de alto nivel no requiere la democratización de las estructuras de autoridad, porque es posible que los trabajadores, o sus representantes, influyan en las decisiones de alto nivel mientras la prerrogativa final en la toma de decisiones queda en manos de la gerencia –permanente–, como sucede bajo la actual situación de negociación colectiva. En qué medida sería posible contar con una situación de democracia directa dentro del contexto industrial, y cuántos trabajadores aprovecharían las oportunidades de participación en un sistema democratizado son preguntas que no pueden considerarse hasta tanto no hayamos examinado la evidencia empírica pertinente.

Este análisis deja en claro que, en el contexto industrial, los términos "participación" y "democracia" no pueden utilizarse indistintamente; no son sinónimos. No sólo es posible que tenga lugar la participación parcial en ambos niveles gerenciales sin la democratización de las estructuras de autoridad, sino que es también posible que se introduzca la participación plena a bajo nivel dentro del contexto de una estructura general de autoridad no democrática. Estas situaciones tienen significación para la teoría participativa de la democracia. En esta teoría se entiende que, para obtener de la participación el efecto psicológico deseado, de manera que se desarrolle el sentido de eficacia política, se requiere democratización; es decir, plena participación a alto nivel. En la teoría contemporánea de la democracia, por otro lado, se sugiere que es posible el "entrenamiento social" dentro de las estructuras existentes de autoridad industrial. Una consideración de la relación entre los efectos psicológicos –que, según se ha observado, son producidos por la participación– y las diferentes formas de participación muestra que la teoría participativa de la democracia requiere una modificación en este aspecto. Tal vez el hecho más llamativo que surge de la evidencia empírica es que la participación es aparentemente muy efectiva en su impacto psicológico sobre los individuos, aun en las dosis más pequeñas posibles; parece que incluso el sentimiento mismo de que la participación es posible –hasta en situaciones de pseudoparticipación– tiene efectos benéficos sobre la confianza en uno mismo, la satisfacción laboral, etcétera.[89] Sería razonable suponer que la verdadera participación sería más efectiva, porque la pseudoparticipación bien puede despertar expectativas que sólo pueden terminar en frustración; como dice Blumberg (1968: 79) en lo que concierne a los efectos psicológicos, la evidencia empírica muestra que "lo que es crucial [...] es la capacidad y el poder que tiene un grupo de llegar a una decisión".

La participación parcial a bajo nivel es ciertamente favorable para el desarrollo de sentimientos de eficacia política; de hecho, esta correlación se mostró en la encuesta sobre actitudes políticas realizada en cinco países, que ya citamos en el capítulo III. Allí se presentaron los criterios de participación de Almond y Verba: si se consultó a los encuestados cuando se tomaban decisiones en el trabajo, si estos se sintieron libres de protestar sobre las decisiones, y si en efecto protestaron. Obviamente, esta "participación" es, como mucho, parcial, pero aun así se observó una correlación positiva con puntajes altos en la escala de eficacia política. Así, en lo que concierne al desarrollo del sentimiento de eficacia política, no se requiere la democratización de las estructuras de autoridad de la industria; por lo tanto, la teoría de la democracia participativa requiere una revisión en ese aspecto.

Sería un error concluir en este punto que se requiere alguna otra revisión. Hasta ahora, sólo hemos dado tratamiento a un aspecto de la teoría participativa –los requisitos para que exista un gobierno democrático a nivel nacional–, y solamente desde el punto de vista del desarrollo del sentido de eficacia política. Aquí cabe realizar dos observaciones: primero, que no tenemos forma de saber cuán efectivas son las formas de

[89] Podrían esperarse estos efectos benéficos cuando se considera que las técnicas participativas se usan en la actualidad con gran frecuencia a efectos terapéuticos en el campo de la salud mental. Uno de los experimentos más radicales de este estilo se describe en Sugarman (1968). Blumberg también menciona que se intentaron experimentos de autogobierno en algunas cárceles estadounidenses (pp. 135-138).

participación; podría ser que, para lograr el máximo efecto psicológico, se necesitara un nivel más alto de participación. Segundo, que, si bien la evidencia indica que es necesario contar con un sentido de eficacia política para tener una ciudadanía políticamente activa, no es claro que esto sea suficiente. La evidencia de Almond y Verba sugiere que no lo es porque menos encuestados de los que se sentían capacitados para hacerlo habían intentado influir en el gobierno local o nacional (tablas VI 1 y VI 2). Recordemos en este punto que el desarrollo del sentido de eficacia política era sólo parte del significado del efecto educativo de la participación. Mill y Rousseau pusieron énfasis en la ampliación de la perspectiva y de los intereses, en la apreciación del vínculo entre intereses privados y públicos que traería consigo la experiencia de la participación, y también existe la "educación" en un sentido más directo, la obtención de conocimiento de los procedimientos democráticos y el aprendizaje de habilidades políticas –democráticas–. Para que haya educación en este sentido, parecería requerirse participación de alto nivel porque sólo la participación a este nivel podría dar al individuo experiencia en la gestión de asuntos colectivos en la industria y entendimiento respecto de la relación entre las decisiones tomadas en la empresa y su impacto en el entorno social y político más amplio.

Hay también otra razón por la cual es preciso prestar atención a la participación de alto nivel en la industria. Eckstein ha sostenido que, dado que las estructuras de autoridad de la industria no pueden ser democratizadas, entonces, para lograr estabilidad, las estructuras de autoridad gubernamentales deben ser congruentes y contener una "saludable dosis de autoritarismo". Pero incluso si, como afirma Eckstein, la democracia industrial es imposible, se podrían modificar las estructuras de autoridad de la industria en una dirección democrática a través de la introducción de una participación parcial de alto nivel y así disminuir la necesidad de elementos no democráticos en el gobierno nacional.

Ahora me concentraré en algunos ejemplos empíricos de participación parcial de alto nivel dentro de la industria británica. Hay tres casos interesantes y bastante bien documentados que con frecuencia se citan como ejemplos de democracia industrial. Dejaremos ahora de lado la cuestión del impacto psicológico de la participación y prestaremos atención a otro problema de la teoría de la democracia participativa: cómo funcionan estas formas de organización en la práctica, y el grado en el cual los trabajadores están interesados en las oportunidades que se les ofrecen de participar –y si las aprovechan–. Nuestro primer ejemplo es el de la empresa Glacier Metal Company, que emplea a unas cinco mil personas.[90] La forma organizativa que adopta la participación en Glacier es una extensión de la estructura de negociación colectiva y consulta conjunta que caracteriza a la industria británica. La participación parcial se ha institucionalizado mediante la formalización y extensión –a través de organismos representativos– de estos procedimientos habituales, dejando intacta la estructura gerencial jerárquica ortodoxa.[91] La participación de

---

[90] Estas cinco mil personas están empleadas en varias fábricas separadas geográficamente. Respecto de la teoría que subyace a la organización, véanse Jaques (1951 y 1968) y Brown (1960). Véase Kelly (1968) si se busca un estudio empírico de la fábrica Kilmarnock.

[91] Se mencionó con anterioridad que la negociación colectiva permite a los trabajadores participar de manera parcial en algunas decisiones gerenciales. Podría pensarse que esta participación de parte de los sindicatos difiere de la que tiene cada trabajador en particular en los experimentos de participación; pero, en ambos casos, el poder último de decisión se considera una "prerrogativa" gerencial. Finalmente, la gerencia tiene la facultad de entrar en situación de *lockout* o cierre completo de la empresa. Confróntese esto con el siguiente comentario de Russell: "El poder del industrial [...] reside, en última instancia, en ejercer el *lockout*; es decir, en el hecho de que el dueño de una fábrica puede convocar a las fuerzas del Estado para evitar que ingresen a ella personas no autorizadas" (Russell, 1938: 124). El alcance del experimento de Glacier es en especial interesante porque en la actualidad la negociación colectiva suele contemplar sólo cuestiones de bajo nivel, y todo intento de ampliar dicho alcance encuentra resistencia por parte de la gerencia, que argumenta que se trata de una ilegítima intromisión en sus "prerrogativas". Esta noción de "prerrogativas" suele derivarse de la titularidad de la propiedad privada –sin embargo, si se busca una defensa

los empleados se basa en "la clara distinción entre la autoridad gerencial para tomar decisiones y dar instrucciones y la participación de los empleados en la formulación del esquema dentro del cual los gerentes están autorizados para tomar dichas decisiones" (Jaques, 1968: 1). En virtud del instrumento constitutivo de la empresa, la participación se produce mediante un sistema –el "legislativo"– de Consejos Laborales electivos, que existen en cada unidad de la empresa. Su composición se basa en el principio de que "cada estrato principal de la jerarquía organizativa de la fábrica tiene representación en el Consejo" (Jaques, 1951: 139). Cada Consejo está formado por el Ejecutivo Principal del área, un representante de los ejecutivos de mayor rango, dos del personal de nivel medio, tres del personal administrativo y afín, mientras que los trabajadores de base están representados por siete delegados sindicales. Los Consejos se reúnen mensualmente, y cualquier miembro puede solicitar que se incluya algún tema en particular en el orden del día –cualquier empleado puede presenciar las reuniones en calidad de espectador–. Los Consejos son organismos creadores de políticas, y su principal tarea es la redacción de documentos "instrucciones"; en virtud de su instrumento constitutivo, la gerencia y los empleados han acordado que no tendrá lugar ningún cambio en las políticas a menos que se lo consienta por unanimidad (Jaques, 1968: 2).

En teoría, el alcance de los Consejos es extremadamente amplio. Los temas debatidos son: sistemas de salarios, despidos por exceso de personal, cierres de planta fabril y turnos nocturnos; sin embargo, en la práctica –como podría indicar la lista anterior–, las decisiones más importantes de políticas de la empresa no son de la incumbencia del Consejo. En Glacier, "la creación de políticas de alto nivel es prerrogativa del Directorio y de la gerencia. Los directores autorizan las erogaciones de capital, deciden

---

de las "prerrogativas" derivada de la noción de "naturaleza del hombre", véase O'Donnell (1952)–. Recientemente, la idea de la existencia de "prerrogativas" gerenciales ha sido atacada por motivos teóricos, y también se han cuestionado sus presuntos fundamentos jurídicos. Véanse Charmberlain (1958, cap. 12; 1963), Young (1963) y Chandler (1964).

los dividendos, designan al Director Ejecutivo, deciden los honorarios de los directores, confirman las designaciones del personal jerárquico [...] Y, por supuesto, deciden quién 'adquirirá' la empresa, entre otras tareas" (Kelly, 1968: 248).[92] Además de introducir los organismos participativos electos, la otra cara del experimento de Glacier es un intento de aclarar y sistematizar las definiciones formales de roles y las relaciones entre la gerencia y los empleados. El énfasis en la participación grupal en la toma de decisiones –que había caracterizado al período previo a la década de 1950– ha dejado el lugar, según observa Kelly, a este otro aspecto (Kelly, 1968: 26).[93] Parecería haber algo intrínsecamente contradictorio en este intento de operar un sistema en el que, por un lado, los empleados participen en todas las decisiones y, por otro, se agudice y sistematice la diferencia de jerarquía entre "gerentes" y "subordinados".

En la fábrica Kilmarnock –la única de la cual hay disponible material empírico–, el Consejo ha sido visto con considerable suspicacia; luego de una huelga que tuvo lugar en 1957, fue rebautizado "comité de fábrica"; y no fue sino hace muy poco que el Manual de objetivos y políticas de la empresa obtuvo la aceptación de los delegados sindicales (Kelly, 1968: 241).[94] Esta actitud podría explicar el hecho de que, en las reuniones del Consejo, los representantes de los empleados de base muestran poco interés en cuestiones como la memoria anual, el balance anual e incluso las decisiones de inversión; al menos, se suscita poco debate sobre estos

---

92 Véase también Jaques (1968: 2).

93 Este otro aspecto implica un "lenguaje interno de rol" y el empleo de reuniones de directivas que, como su nombre lo indica, están sobre todo dedicadas a impartir directivas –órdenes– gerenciales –y también se ocupan de la evaluación de empleados–. "Parecería, a primera vista, que la palabra más frecuentemente usada en la empresa es 'subordinado'" (Kelly, 1968: 278. Véanse también las páginas 251 y 232).

94 El entorno cultural de esta fábrica difiere considerablemente del de la planta de Londres, pero no hay disponible información sobre esta última. Véanse las páginas 97-100.

temas, salvo que algún departamento en particular se vea afectado; la mayor parte del diálogo se da respecto de cuestiones de bajo nivel. En la reunión a la que asistió Kelly, el presidente y gerente general habló durante el 74 por ciento del tiempo (pp. 242-245). Esta forma organizativa de participación parcial de alto nivel obviamente se ajusta bien a las condiciones industriales imperantes en Gran Bretaña y potencialmente permitiría que los empleados participaran en todo el proceso de toma de decisiones. Sin embargo, en Glacier, desde el punto de vista de la gerencia, uno de sus principales efectos ha sido el de legitimar las facultades de toma de decisiones conservadas por esta en virtud del instrumento constitutivo. A la luz de la exposición del capítulo anterior sobre los efectos de la participación de bajo nivel, este comentario de Jaques es de esperarse: "La experiencia de los gerentes de Glacier Metal ha demostrado, en general, que este instrumento constitutivo les permite tomar muchas más decisiones e introducir muchos más cambios sin objeciones de los representantes de lo que suele suceder en otras empresas" (Jaques, 1968: 4).

El mayor experimento referido a participación parcial de alto nivel realizado en Gran Bretaña es el de la empresa John Lewis Partnership –que incluye las tiendas de departamentos–. Se ha publicado un excelente estudio sobre este experimento, del cual se extrajo la información que vierto aquí.[95] Si bien en John Lewis Partnership la estructura ortodoxa de autoridad se ha modificado más que en Glacier, en la práctica los organismos representativos actúan más bien como mecanismos de consulta que como órganos decisorios.

Como se describe en el boletín interno de la empresa, "el objetivo supremo de toda la organización es lograr que todos los miembros participen de todas las ventajas de la titularidad empresaria: ganancias, conocimiento

[95] Flanders, Pomeranz y Woodward (1968). Este informe incluye una breve historia de la empresa.

y poder".[96] Los dos primeros objetivos se logran en mayor medida que el tercero. Todas las acciones de la empresa están en manos de una Junta, y la rentabilidad se distribuye entre los socios –que son los empleados–. Todos los socios son iguales en el sentido de que todos comparten la rentabilidad, de tal suerte que, en este sentido formal, la empresa John Lewis Partnership ha recorrido cierto camino en cuanto a reunir el requisito de igualdad económica considerado como necesario por los teóricos de la democracia participativa para que exista participación. Sin embargo, la distribución guarda relación con el nivel salarial, de tal forma que, en un sentido práctico, no hay un paso hacia la igualdad económica: esta distribución "acentúa la estructura jerárquica de remuneración existente" (Flanders et al., 1968: 185).[97] Hemos visto que poseer la información necesaria es condición para la participación; en la empresa John Lewis Partnership, el "intercambio de conocimiento" se promueve a través del boletín interno de la empresa (al cual se pueden enviar cartas anónimas –lo cual se alienta–, y estas son respondidas) y de una reunión general abierta a todos los socios, organizada anualmente en cada sucursal. Los Consejos Central y de Sucursal también tienen a su disposición el balance general anual de la empresa (Flanders et al., 76, 42 y ss.).[98]

Los Consejos son el principal medio a través del cual puede tener lugar la participación, pero el socio de más bajo nivel está subrepresentado en

---

[96] Citado en Flanders *et al.* (1968: 42).

[97] Véanse las páginas 102-106 si se desean ver las actitudes de los trabajadores hacia el esquema de reparto de ganancias; algunos de estos trabajadores prefieren el esquema redistributivo.

[98] Se mantiene la confidencialidad respecto de los salarios, cosa que es motivo de malestar para varios socios. Existen los comités de comunicación, que son sólo organismos de empleados de base, esencialmente organismos que median en disputas, que carecen de fondos y de facultades ejecutivas y no pueden por sí mismos tomar medidas correctivas; por lo tanto, desde el punto de vista participativo, no tienen gran intervención (véanse las páginas 50 y siguientes).

ellos, y el alcance de su participación sigue siendo potencial y no efectivo. El Consejo Central tiene derechos por los cuales puede obligar al presidente y al Directorio, si surgiera la necesidad; designa a tres fideicomisarios del instrumento constitutivo, que pasan a ser directores; y nomina a otros cinco directores. La principal función del Consejo Central es la administración de un nutrido fondo de bienestar social, pero tiene derecho a "debatir cualquier asunto y realizar sugerencias que considere adecuadas ante el Directorio Central o el presidente" (Flanders et al., 1968: 64).[99] Sin embargo, normalmente el Consejo no lleva adelante debates detallados sobre políticas; entonces, si bien en teoría tiene un amplio espectro de acción, su verdadera influencia en cuanto a participación parecería ser muy limitada (p. 177). El Consejo Central tiene 140 miembros; tres cuartos de ellos son elegidos por votación, y el resto es designado por el presidente de la empresa, lo cual incluye la gerencia de alto nivel. Los candidatos para las elecciones del Consejo pueden ser todos los socios, de cualquier rango, pero es más probable que los miembros que ocupan cargos permanentes y aquellos que salen electos sean de rango gerencial y no de base. Desde 1957-1958 a 1966-1967, la proporción de consejeros de rango gerencial ha variado de 61 a 70 por ciento –más 20 a 24 por ciento de miembros nombrados en virtud de su cargo–, y la proporción de socios de base, de un 8 a un 19 por ciento (Flanders et al., 1968: 60, tabla 5).[100] En los subcomités, que llevan a cabo gran parte del trabajo, hay un marcado sesgo hacia los miembros de la alta gerencia.

Los Consejos de Sucursal –creados a semejanza del Consejo Central y subordinados a este– son, en cierta medida, más representativos de los socios de base, que son aproximadamente la mitad de los socios electos –los Consejos de Sucursal tienen un promedio de treinta y cinco miembros, de los cuales un 15 por ciento es nombrado en virtud de su cargo–.

---

[99] Respecto de la facultad de designación, etcétera, véanse las páginas 64-65.

[100] El 22 por ciento de los hombres y el 25 por ciento de las mujeres candidatos habían tenido cierto rango en la empresa (p. 84).

Además de administrar sus propios fondos de bienestar social, el Consejo de Sucursal puede patrocinar resoluciones que se presentan ante el Consejo Central; estas, si se aceptan, se convierten en recomendaciones para la gerencia. Por año se realizan entre seis y siete resoluciones, y entre 1955 y 1964 un tercio de ellas fue aceptado, si bien no todas llegaron a implementarse (p. 72).[101] Fue un Consejo de Sucursal el que, por primera vez, rechazó una importante propuesta gerencial –sobre la semana de actividad comercial de cinco días–. Durante los debates previos sobre esta cuestión, en opinión de los autores del estudio, "el proceso decisorio fue básicamente el normal de una gerencia que decide lo que quiere lograr y prepara el terreno de forma tal que sea probable que las órdenes impartidas se obedezcan" (Flanders et al., 1968: 176).[102] El rechazo de esta política fue aceptado por el presidente de la empresa –si bien debe notarse que no estaban en juego cuestiones comerciales de importancia–, pero está por verse si este incidente es un indicio de que, en el futuro, los socios harán más uso de sus facultades participativas.

Es bajo el nivel de interés en las instituciones representativas, y también lo es el conocimiento de estas.[103] Los autores del estudio observaron que, entre los socios de base con régimen de tiempo completo, los más

[101] Estas resoluciones incluyen cuestiones tales como modificaciones en las reglas para seguros de vida y jubilaciones. Pocas propuestas al Consejo Central provienen de los Consejos de Sucursal o de los consejeros en forma individual. Véase la página 68, tabla II.

[102] Como señalan los autores, les resulta difícil a los consejeros pertenecientes a la gerencia media oponerse a las políticas oficiales (p. 174).

[103] Es imposible determinar: 1) en qué medida esta realidad ayuda a explicar la relativa falta de uso de las oportunidades de participación; o 2) en qué medida la falta de interés se explica por el hecho de que los organismos representativos con frecuencia parecen actuar como dispositivos pseudoparticipativos. Sin embargo, es muy significativo que cerca de dos tercios de los empleados sean mujeres porque todas las investigaciones empíricas sobre la participación social y política han demostrado que ellas suelen participar menos que los hombres. Véase Milbrath (1965: 135-136).

interesados eran los hombres y las mujeres con más de cinco años de servicios, pero incluso en este grupo el interés declinaba en los órganos decisorios de alto nivel (Flanders et al., 1968: 86, 114-116, tablas 25 y 26).[104] La estructura de los órganos representativos de la empresa podría ser parcialmente responsable de la falta de interés. En realidad, muchos socios sí mostraron interés en la participación de bajo nivel –lo cual confirma la evidencia sobre este punto, citada anteriormente–, pero el alcance de las instituciones participativas no contempla numerosos asuntos de bajo nivel; la conclusión general fue que cerca de dos tercios de los encuestados "no mostraron un grado marcado de interés en las instituciones democráticas de la empresa" (p. 127).

Nuestro tercer ejemplo es el de Scott Bader Commonwealth, una empresa fabricante de resina plástica de Wollaston, Northants, que emplea cerca de 350 personas.[105] Esta ha introducido cambios de mucho más alcance en la estructura ortodoxa de autoridad industrial que nuestros otros dos ejemplos de participación parcial de alto nivel. En 1951, la empresa fue deliberadamente reorganizada por su fundador, Ernest Bader, en base a una estructura participativa, y en 1963 se ampliaron las oportunidades de participaciónen en el marco de una nueva reforma. Todas las acciones de Scott Bader & Company Limited pertenecen en forma común a una organización benéfica, la Scott Bader Commonwealth Limited –si se produjera la venta de la empresa, lo recaudado iría a beneficencia–. La pertenencia a este Commonwealth está abierta a todos los empleados luego de un período de prueba.[106]

---

[104] Una alta proporción de mujeres respondió "no sé" a la pregunta "¿Lamentaría ver que las instituciones desaparecieran?".

[105] También esta empresa ha sido objeto de un estudio recientemente publicado, el de Blum (1968). Puede encontrarse información adicional en Hadley (1965). Véanse también Exley (1968) y las publicaciones de Scott Bader & Company Limited.

[106] En 1961, había 143 miembros de un total de 266 empleados (Blum, 1968: 98). Blum dice que la mayor parte de los no miembros no reunían aún las cualidades para ser elegidos,

La estructura organizativa del Commonweath es bastante compleja. El principal cuerpo "legislativo" es la Asamblea General, que se reúne trimestralmente, y donde cada miembro del Commonwealth tiene un voto. Sus facultades son la aprobación, la modificación o el rechazo de la forma en que se lleva a cabo el manejo comercial de la empresa, el derecho a aprobar –antes de su realización– cualquier inversión que supere las diez mil libras, y la aprobación del empleo del excedente común –la rentabilidad– recomendado por el Consejo Comunitario y el Directorio.[107] El Consejo Comunitario del Commonwealth es el principal cuerpo "administrativo" y está compuesto por doce personas; nueve son electivas, dos son designadas por el Directorio y una, que representa a la comunidad local, es designada por el Consejo y aprobada por el Directorio. Además de su función relativa al excedente común, el Consejo se ocupa de las estructuras concernientes al bienestar social y de las reglas de pertenencia al Commonwealth; cada solicitud se decide en función del mérito de cada postulante. Un rasgo novedoso de la organización es el Panel de Representantes. Se trata de un organismo de doce miembros elegidos al azar de entre los miembros del Commonwealth; tienen que decidir si "las condiciones y el clima que impera en la firma justifican que ellos otorguen un voto de confianza al Directorio" (Blum, 1968: 154).[108]

---

ya que, en ese momento, no habían atravesado los dos años de período de prueba –que actualmente es de sólo un año–.

[107] Puede encontrarse un diagrama de esta estructura en Blum (1968: 157). Desde 1965, el Consejo Comunitario ha recomendado el método de distribuir la parte del excedente que se imputa a "premio", mientras que el Directorio determina su monto. El instrumento constitutivo dispone que el excedente debe ser distribuido dentro de la siguiente proporción: 60 por ciento para reinversión de utilidades en la empresa, 20 por ciento para propósitos benéficos y 20 por ciento como "premio" a los empleados. Recientemente, el premio ha variado entre un 5 y un 10 por ciento (Blum, 1968: 153 y 212).

[108] Si la respuesta es "no", se suscita un complicado procedimiento, pero la decisión final sobre cuál acción es necesaria –si realmente corresponde dicha acción– recae en los admi-

Antes de ver qué sucede dentro de esta estructura organizativa, vale la pena señalar que el Scott Bader Commonwealth suministra un interesante ejemplo de abordaje de la igualdad económica en la sociedad moderna. En este Commonwealth, la diferencia de rango entre empleados se ha reducido considerablemente. En primer lugar, todos los miembros son iguales en el sentido que todos tienen un voto en la Asamblea General. En segundo lugar, todos los empleados gozan de un alto grado de estabilidad laboral; la inconducta grave y la incompetencia son prácticamente las únicas causales de despido –y en todos los casos se pone en práctica un sistema de apelación–. En tercer lugar, todos los empleados tienen salario y tienen garantizado un salario mínimo; también hay un límite a los salarios más altos, ya que el instrumento constitutivo dispone que la relación entre el salario más alto y el más bajo no debe exceder la de 7 a 1. Los miembros del Commonwealth también tienen acceso a mucha más información sobre los asuntos de la empresa que quienes trabajan dentro de las estructuras de autoridad más ortodoxas. La gerencia debe responder todas las preguntas que se plantean en el boletín interno de la empresa, se pueden formular preguntas en la Asamblea General, y además hay una disposición por la cual los miembros tienen derecho a inspeccionar los libros contables y solicitar información a través de representantes o en entrevistas personales con la gerencia (Blum, 1968: 84-85; Hadley, 1965).[109]

Hay varios canales a través de los cuales puede producirse la participación en Scott Bader, pero el instrumento constitutivo cuenta con un

---

nistradores, cuya principal función es la de ser "guardianes" del instrumento constitutivo del Commonwealth. Dos de los administradores son electivos; véase Blum (1968: 155 y ss. y 164-165). Hay otro cuerpo parcialmente electivo, el Consejo de Referencia, organismo de apelación final, que se ocupa principalmente de las cuestiones disciplinarias.

[109] También se ha abolido el marcar tarjeta a la entrada y la salida del horario de trabajo. Ninguna de estas medidas –que son bastante revolucionarias– ni la estructura participativa parece haber afectado el rendimiento económico; desde 1951, la facturación anual ha aumentado diez veces, hasta llegar a los cuatro millones de libras.

sistema protector de "controles y equilibrios"; por este motivo, hasta ahora la participación parece, en la práctica, ser bastante limitada. Por desgracia, en el único estudio disponible en toda su extensión, Blum (1968) dice muy poco sobre la práctica cotidiana del Commonwealth.[110] Sin embargo, es claro que, al igual que en la empresa John Lewis Partnership, son bajos los niveles de interés y participación entre los empleados de los puestos de base. Blum dice que "ha habido diferencias considerables en la participación de diversos grupos [...] Los trabajadores, sin duda, han participado menos que otros grupos" (p. 329). En general, la proporción del total de empleados que ha participado teniendo un cargo de representante es bastante pequeña porque, entre 1951 y 1963, un 34 por ciento ocupó un cargo en el Consejo Comunitario y una "gran mayoría" fue reelegida para más de un período; cerca de diez de los elegidos provenían de la planta fabril (Blum, 1968: 96).[111] Utilizando los siguientes criterios de participación: 1) hablar en las Asambleas Generales, 2) obtener información de parte de los representantes, y 3) presentarse para elecciones e impulsar propuestas a través de un organismo participativo, se observó que cerca de un quinto de los gerentes, técnicos, gerentes de menor jerarquía y empleados administrativos participaban mucho o moderadamente, mientras que *todos* los obreros fabriles participaban poco o nada (p. 374). Para la mayoría de los encuestados por Blum, "las ventajas del Commonwealth" se veían –en particular por parte de los obreros fabriles– en primer lugar en cuanto a la estabilidad laboral que les confería –lo cual incluye los seis meses de licencia por enfermedad–, si bien el ítem "participación" fue el más mencionado en siguiente lugar. Para finalizar, en una pregunta sobre

[110] Se llevó adelante una investigación empírica, pero Blum se refiere a este material sólo tangencialmente. Su libro se refiere más que nada a una interpretación de los principios subyacentes a las formas organizativas; pero este relato, redactado en gran medida en terminología religiosa y metafísica, dista de ser claro.

[111] El período en el cargo es de tres años, lo cual, de por sí, limita la cantidad de personas que pueden participar.

el conocimiento de las facultades del Consejo Comunitario se observó que un 26 por ciento de los encuestados tenía un "conocimiento operativo", un 36 por ciento tenía un "conocimiento parcial" y un 38 por ciento "no tenía conocimiento, o tenía muy poco" (p. 375; también la p. 99).

En vista de este panorama, la evidencia tomada de estos tres ejemplos parecería sugerir que es excesivamente optimista esperar que el trabajador común se procure las oportunidades para tener participación parcial de alto nivel; la conclusión, entonces, debería ser que la teoría contemporánea de la democracia está en lo cierto cuando toma el hecho de la apatía como dato básico. Sin embargo, la evidencia puede ser interpretada de modo diferente. En Scott Bader, al igual que en la empresa John Lewis Partnership, hay pocas oportunidades de participación de bajo nivel; pese a ello, nuestra evidencia ha demostrado que los trabajadores están interesados en este nivel.[112] Se podría argumentar que la falta de tales oportunidades en los casos en que exista interés podría llevar a que las oportunidades de participación de alto nivel le parezcan remotas al trabajador de base porque su experiencia laboral diaria lo prepara poco para tales oportunidades. Es significativo que las actitudes de los empleados en puestos de diferente nivel en el Commonwealth difieran tanto, tal como se ilustra con la cuestión del Directorio y de las acciones de los miembros fundadores. Antes de 1963, los miembros fundadores tenían algunos derechos y eran poseedores del 10 por ciento de las acciones; en 1957, Ernest Bader ofreció transferir esas acciones al Commonwealth. Se formaron grupos de debate para considerar esta propuesta; la conclusión fue que era aceptable disponer que el Commonwealth también tuviera el derecho de elegir directores. Ernest Bader rechazó esta conclusión. En 1959, Blum formuló preguntas sobre ambos argumentos, y resultó que

[112] En virtud del Commonwealth, se ha previsto en el instrumento constitutivo la creación de los comités departamentales; estos fueron creados en 1951, pero nunca funcionaron regularmente. Hace poco revivió el interés en ellos, por lo tanto, tal vez en el futuro haya oportunidades de participación a bajo nivel (véase Hadley, 1965).

fueron los gerentes y los trabajadores de laboratorio los que estuvieron, en su mayoría, a favor, mientras que los obreros fabriles se mostraron mayoritariamente en contra de entregar las acciones o elegir a los directores –o no estaban seguros de querer hacerlo–. Los comentarios habituales de estos obreros eran: "¿Qué demonios haremos? No sabemos quién debería estar en el Directorio; sólo los encumbrados lo saben", y "No, las acciones del fundador no deben ir al Commonwealth; en definitiva, él fundó la empresa, es su dinero" (pp. 146-152). La diferencia en actitudes en este punto podría brindar fundamento a la opinión de Cole sobre el "entrenamiento para el servilismo" recibido por la mayor parte de los trabajadores comunes. Es decir, incluso en una situación en la cual se abrieran oportunidades de alto nivel para el trabajador común –que ha sido socializado en el sistema existente de las estructuras de autoridad de la industria y que todavía carece de oportunidades de participar todos los días en el bajo nivel–, ciertas nociones como la de la elección de los directores con frecuencia no están "disponibles" de la manera en que sí lo están para los trabajadores de alto nivel.[113]

Ahora podemos sintetizar brevemente los resultados de nuestro examen de la evidencia empírica sobre participación en la industria, en lo que hace al aspecto educativo o socializador de la teoría participativa de la democracia. La única revisión necesaria es sobre la cuestión del desarrollo del sentido de eficacia política; la participación de bajo nivel bien podría ser suficiente para esto. Si observamos los efectos educativos amplios de la participación, parece haber pocas barreras prácticas a la institución de un sistema de participación parcial de alto nivel; ciertamente,

[113] El paternalismo como elemento presente en la situación del Commonwealth también debe tenerse en mente cuando se consideren, por ejemplo, las actitudes. En ese momento, 1963, se entregaron las acciones y se abolieron los derechos de los miembros fundadores, pero, al igual que antes, sólo dos de los nueve directores pasan a ser electos por el Commonwealth –la lista de candidatos es aprobada por el Directorio–. El presidente designa a otros cinco; los Administradores aprueban esta designación, y los dos Bader pasaron a ser directores vitalicios.

se presenta como compatible con la eficiencia económica. Así, el argumento ecksteiniano de la "congruencia" sobre la necesidad de elementos "autoritarios" en el gobierno nacional requiere modificación en al menos este aspecto. Por desgracia, debido al carácter aislado y las características singulares de estos tres ejemplos de participación parcial de alto nivel, es difícil extraer conclusiones generales definitivas. En particular, no podemos esperar responder la importante pregunta de hasta qué punto es probable que los trabajadores de base estén interesados en tales oportunidades de participación –y en qué medida las aprovecharán– hasta tanto tengamos información sobre el efecto de un sistema que combine la participación a alto y bajo nivel.

Ahora es posible volcarse al segundo aspecto de la teoría de la democracia participativa: el argumento de que la industria y otras esferas forman sistemas políticos por derecho propio, y de que, por lo tanto, deberían democratizarse. Reitero: la industria ostenta una posición crucial en la cuestión de si es posible tener una sociedad participativa; con sus relaciones de superioridad y subordinación, es la más "política" de todas las áreas en las cuales interactúan los individuos comunes, y las decisiones tomadas en ella producen un gran efecto en el resto de sus vidas. Además, la industria es importante porque las dimensiones de la empresa podrían permitir que el individuo participe directamente en la toma de decisiones; es decir, en un alto nivel pleno.[114] Si la evidencia muestra, como se ha afirmado, que es imposible democratizar las estructuras de autoridad de la industria, entonces la teoría de la democracia participativa requerirá una sustancial revisión.

---

[114] Confróntese esto con el siguiente argumento de Bachrach: "Si las organizaciones privadas –al menos, las más poderosas– se consideraran políticas –sobre la base de que son órganos que habitualmente participan en asignar autoritativamente valores a la sociedad–, habría motivos muy poderosos –en cuanto al principio democrático de igualdad de poder– para expandir la participación en la toma de decisiones dentro de tales organizaciones" (1967: 96).

CAPÍTULO V
La autogestión de los trabajadores en Yugoslavia

Se ha demostrado que, en efecto, existe entre los trabajadores comunes una demanda generalizada de participación en el nivel gerencial bajo, pero no parece ser así cuando se trata de decisiones de alto nivel, como se ha ilustrado con el material empírico citado en el capítulo anterior. En la encuesta noruega mencionada en el capítulo III, Holter observó que sólo el 16 por ciento de los obreros y el 11 por ciento de los empleados administrativos deseaban tener más participación en las decisiones concernientes al manejo de toda la empresa (Holter, 1965: 301, tabla 2; 304, tabla 3b). En el reciente estudio sobre los trabajadores automotores de Vauxhall no se formuló una pregunta parecida a la noruega, pero sí se les preguntó a los obreros si consideraban que los sindicatos debían concentrarse pura y exclusivamente en cuestiones como salarios y condiciones laborales, o si debían intentar que los trabajadores tuvieran voz en la gestión empresaria. El 40 por ciento de los encuestados pensaba que sí debían hacerlo –61 por ciento de los trabajadores manuales–, pero la actitud de la mayoría puede ilustrarse con comentarios de este tenor: "La persona promedio en un lugar como este prefiere pensar que podría administrar, pero la gestión empresaria es para gente con conocimientos, que puede hacerlo" (Goldthorpe et al., 1968: 108-109, tabla 47). El hecho de que la mayoría de los trabajadores manuales desee un rol más amplio para los sindicatos y que los encuestados en el relevamiento de Holter sean "responsables, seguros y capacitados" es significativo, dados los hallazgos sobre el desarrollo del sentido de eficacia política, y refuerza el argumento presentado en el capítulo anterior de que, para muchos de los trabajadores de bajo nivel, la idea de participar en las decisiones de la empresa simplemente no se encuentra "a su alcance". Como dice Holter, "la atmósfera de los sistemas jerárquicos en general y la limitada perspectiva inherente al trabajo de un operario o de un trabajador administrativo de escasa calificación pueden tender a hacer que baje a proporciones menores de lo razonable la cantidad de empleados que logran verse como participantes de las tareas gerenciales" (1965: 305). Así, poco puede inferirse directamente de la manifiesta falta de demanda de los trabajadores de participación en este nivel sobre las posibilidades prácticas de la democracia industrial.

Antes de seguir considerando más material empírico, se hace necesaria una aclaración: exactamente, ¿por qué se afirma que es imposible democratizar las estructuras de autoridad de la industria? Esta aclaración es una tarea más difícil de lo que podríamos prever. Eckstein (1966) no es muy explícito: "Algunas relaciones sociales simplemente no pueden llevarse adelante de manera democrática, o pueden llevarse adelante sólo exponiéndose a gravísimas consecuencias disfuncionales [...] Tenemos sobradas razones para pensar que las organizaciones económicas no pueden organizarse de manera auténticamente democrática o, al menos, no sin consecuencias indeseables para todos" (p. 237). Continúa diciendo que lo máximo que se puede esperar es una "ficción" o "simulacro" de democracia, pero el único y extraordinario ejemplo que brinda de ello es que ciertas organizaciones económicas están dispuestas a incurrir en desventajas funcionales y 'jugar a la democracia', y lo hacen permitiendo "ciertas desviaciones de la lógica contable para llevar adelante ciertas prácticas democráticas". Aparte de esta extraña frase, Eckstein no brinda evidencia que sustente el argumento de que la democratización es imposible, y no indica cuáles serían dichas consecuencias disfuncionales (Eckstein, 1966: 238).[115] Presumiblemente, lo que Eckstein tiene en mente son las consecuencias económicas; es decir, que un sistema democratizado no será capaz de operar eficientemente, o incluso podría colapsar. Por otro lado, podrían darse interpretaciones muy diferentes del término "imposible". Podría sostenerse (confróntese con la evidencia citada arriba) que no habría suficiente interés ni participación por parte de los trabajadores como para hacer viable el sistema; o –siguiendo a Michels– que la verdadera democratización no es posible porque, en la práctica, un organismo electivo, inexperto y de tiempo parcial no podría realmente controlar a un personal experto de tiempo completo, que sería el que manejaría, en la realidad de los hechos, las cosas. Pero es improbable que Eckstein pensara en tales posibilidades; él solamente presenta sus argumentos, no los sostiene. Este planteo de la imposibilidad de democratizar las estructuras de autoridad es otro aspecto del carácter normativo de la teoría contemporánea de la democracia. Como ya tenemos el tipo de sistema político democrático que deberíamos tener, en consecuencia tenemos también el tipo adecuado de "requisitos" en la forma de estructuras de autoridad no gubernamentales existentes; todo intento de democratizarlas sólo podría poner en peligro la estabilidad del sistema. No obstante, tomaremos el planteo en serio y echaremos, en

[115] Este autor también afirma que "incluso ciertos tipos de titularidad pública –como la nacionalización en Gran Bretaña de industrias absolutamente vitales para la salud de toda la economía– conspiran contra la democratización de las relaciones económicas" (p. 237). Pero la cuestión capital del caso de la nacionalización británica es que no brinda ninguna evidencia; jamás se intentó democratización alguna. Este fue el resultado de una decisión deliberada del Partido Laborista –el gobierno de 1945 a 1951– de adoptar la "fórmula morrisoniana" y no intentar ninguna otra alternativa. Así se perdió una valiosa oportunidad de experimentar, en un momento en que la opinión pública y los trabajadores estaban a favor de un cambio real.

la siguiente exposición, una mirada a algunas interpretaciones plausibles de esta presunta "imposibilidad".

En Gran Bretaña y Estados Unidos de América hay una singular falta de ejemplos de empresas organizadas sobre bases democráticas –o, mejor dicho, si es que en verdad existen, poco se escribe sobre ellas–. En Gran Bretaña hay un ejemplo que se corresponde casi exactamente con nuestro modelo de participación plena –directa– a alto nivel. Por desgracia, la empresa Rowen Engineering Co. Limited, de Glasgow, es muy pequeña –tiene unos veinte empleados– y sus trabajadores han solido ser autoseleccionados, pero es una empresa de considerable interés intrínseco y útil a efectos ilustrativos.[116] El organismo de control de la fábrica es el Consejo General; la pertenencia a este está abierta a todos los empleados que hayan superado los tres meses de trabajo, y cada miembro tiene un voto. Las asambleas del Consejo se celebran cada quince días; su orden del día se da a conocer dos días antes, y todo empleado tiene derecho a proponer sus propios temas –también se celebran asambleas en el recreo de la merienda si surge la necesidad, pero las decisiones tomadas en estas deben ratificarse en la siguiente asamblea del Consejo–. Cada miembro ocupa la presidencia de las asambleas durante dos de ellas, lo cual significa que todos deben participar verbalmente al menos en dichas ocasiones (Derrick y Phipps, 1969: 105). El Consejo General decide respecto de

[116] Dado que hay sólo un ejemplo, claramente *es* posible democratizar las estructuras de autoridad industrial, pero no puede extraerse conclusión alguna a partir de este ejemplo acerca de la posibilidad de democratización en cuanto a toda una economía, que es lo que exige la idea de una sociedad participativa. La fábrica fue fundada en 1963 como una "fábrica para la paz", controlada por los trabajadores; de allí la cuestión de la autoselección. El nombre surge de R(obert) Owen –se ha fundado una segunda fábrica, similar, en Gales–. La Rowen Engineering Co. Limited es una empresa económicamente muy próspera, que comenzó con un capital –en su mayoría, donado– de 7.000 libras, y ahora tiene una facturación anual que bordea las 80.000 libras. Véanse Blum (1968: 49-51); Derrick y Phipps (1969: 104-7), Rowen Factories (1967) y Sawtell (1968: 41-2), Empresas A y B.

todas las cuestiones vinculadas a políticas de la empresa y a cualquier otro tema de importancia; también elige a los directores, al gerente de fábrica, al capataz y al "coordinador" –subordinado al capataz–. En cada asamblea, el Consejo recibe informes sobre producción, ventas, finanzas y otras cuestiones.[117] También hay un subcomité laboral que trata las cuestiones vinculadas al personal, pero no toma decisiones, sólo propone recomendaciones al Consejo.

Una asamblea del Consejo General a la que asistió Jarvie (1968: 20) ilustra de qué manera puede surgir hasta en la organización más pequeña uno de los problemas mencionados arriba en relación con la tesis de la "imposibilidad". En esta asamblea, un miembro del departamento de ensamblaje sugirió que debía detenerse la producción de un modelo particular de calefactor, dado que algunos de estos habían sido devueltos. El ingeniero de ventas, de formación universitaria, negó que el diseño tuviera fallas, cosa que justificó presentando un informe técnico. Este informe fue vigorosamente cuestionado; finalmente, se acordó iniciar una investigación respecto del diseño. Podríamos preguntarnos si, en una fábrica con una fuerza laboral más representativa, un informe "de experto" sería objeto de un examen tan concienzudo. Este problema del control de los "expertos" por parte del empleado –gerente– común se expondrá con más detalle más adelante, en relación con el sistema industrial yugoslavo. Tomo Yugoslavia porque dicho país suministra, a través del sistema de autogestión de sus trabajadores, el único ejemplo de un intento de introducir democracia industrial a gran escala que contempla empresas de variadas dimensiones en una misma economía.

---

[117] La ley exige que haya directores; sin embargo, su única obligación en Rowen Engineering es la de firmar cheques (Jarvie, 1968: 15). También hay un Consejo Asesor, compuesto por representantes de organizaciones consustanciadas con los objetivos de la fábrica, cuya función es la de asegurar que las decisiones del Consejo General no infrinjan los principios sobre los cuales se basa la fábrica.

Ninguna exposición sobre la participación industrial y la democracia puede darse el lujo de no analizar el sistema yugoslavo. Este caso es también de considerable interés porque, visto en su conjunto, las formas sociopolíticas e industriales yugoslavas de organización parecen, en mucho aspectos –al menos, formalmente– muy semejantes al esquema trazado por Cole sobre la sociedad participativa. Aquí, sin embargo, limitaremos nuestra atención al costado industrial para ver si el sistema de gestión obrera puede arrojar luz sobre las posibilidades de democratizar las estructuras de autoridad de la industria. Tal evaluación no está exenta de considerables dificultades. En primer lugar, está la cuestión de la disponibilidad de la evidencia necesaria. Si bien hay en la actualidad un mayor número de trabajos escritos en lengua inglesa sobre la organización industrial yugoslava, esto aún no resulta suficiente –ni en cantidad, ni en abarcatividad. En segundo lugar, se presentan dificultades inherentes a la propia situación yugoslava. Yugoslavia es un país relativamente subdesarrollado; dentro de él, las diferencias en desarrollo son grandes.[118] Numerosos obreros fabriles siguen trabajando a tiempo parcial en la tierra –la mayor parte de la cual todavía es de titularidad privada–, y gran parte de la fuerza laboral se compone de obreros industriales de primera

[118] Ingreso nacional 1964

	Miles de millones de nuevos dinares	Libras por cabeza	Población (en millones)
Bosnia y Herzegovina	6,8	56	3,5
Croacia	14,6	97	4,3
Macedonia	3,0	57	1,5
Montenegro	0,9	51	0,5
Serbia	21,5	78	7,9
Eslovenia	9,0	161	1,6
------------------------	------------------------	------------------------	------------------------
Yugoslavia	55,8	83	19,3

Datos tomados de *The Economist*, 16 de julio de 1966.

generación, con poca escolaridad.[119] Incluso en 1953, el nivel promedio de analfabetismo en la población de más de diez años de edad era de 25,4 por ciento (35,8 por ciento entre las mujeres); estos son datos que deben contemplarse al evaluar el funcionamiento del sistema de autogestión obrera.[120] Yugoslavia es, por supuesto, un Estado comunista –aunque ciertamente un Estado bastante diferente respecto de otros países de Europa del Este–; por este motivo ha de tenerse en cuenta el rol del Partido Comunista. Finalmente, el sistema de autogestión obrera es, en sí mismo, de origen relativamente reciente. Introducido en 1950, luego de la ruptura de Yugoslavia con la Unión Soviética en 1948, no comenzó realmente a funcionar hasta que se introdujeron nuevas reglamentaciones y reformas económicas en 1953; desde entonces, las formas organizativas y el marco jurídico han sufrido un proceso casi continuo de modificación y cambio que suma dificultades a la evaluación.

En primer lugar, consideremos la estructura organizativa de la industria yugoslava. Cada empresa industrial yugoslava está manejada por un Consejo de Trabajadores, elegido por la totalidad de los obreros –es decir, todos los empleados– a través de unidades electorales en las empresas más grandes. Por ley, todas las empresas de más de siete trabajadores deben tener un Consejo; pero, allí donde hay menos de treinta empleados, el Consejo está formado por todos los trabajadores. En empresas más grandes, la composición del Consejo de Trabajadores puede variar entre 15 y 120 miembros, aunque el promedio es de 20 a 22 (Blumberg, 1968: 198).[121] Las empresas grandes pueden también, si lo desean, elegir Consejos departamentales y, desde 1961, se ha instituido un sistema de

[119] En veinticinco años, la población rural se ha visto reducida de un 75 por ciento a un 45 por ciento (*The Economist*, 16 de julio de 1966). Entre un 1 y un 2 por ciento del aumento anual en la fuerza laboral industrial proviene directamente de la tierra (Auty, 1965: 159).

[120] Organización Internacional del Trabajo (1962: apéndice I, tabla A).

[121] Los empleadores privados están sujetos a la limitación de cinco empleados fuera de la familia.

lo que los yugoslavos llaman "unidades económicas". Cada empresa está dividida en unidades de producción que pueden ejercer un cierto grado de autogestión a ese nivel. La organización de estas unidades queda en manos de cada empresa. En un estudio se dice que la gestión de la unidad está "en manos de una Asamblea, compuesta por todos los miembros", pero en Rade Končar (la mayor empresa productora de equipamiento eléctrico de Yugoslavia), las unidades tienen sus propios Consejos de Trabajadores (Singleton y Topham, 1963a: 15).[122] Aparte de los Consejos de Trabajadores y de las unidades económicas, los obreros también pueden participar en la toma de decisiones a través de asambleas de todos los integrantes de la empresa y por medio de referendos sobre cuestiones importantes.

Los miembros del Consejo ocupan su cargo durante dos años –están sujetos a renuncia solicitada por el electorado– y el Consejo se reúne mensualmente. Los Consejos de Trabajadores tienen subcomités que tratan ciertas cuestiones; desde 1957 se han visto obligados a contar con estos subcomités para cuidar la disciplina interna, y también para contratar y despedir personal. La pertenencia a estos comités no está necesariamente reservada a los miembros del Consejo (Stephen, 1967: 8).[123] El Consejo de Trabajadores elige a su organismo ejecutivo, la Junta de Gestión, cuyos miembros –aunque no necesariamente todos– pertenecen al Consejo de Trabajadores. La Junta de Gestión tiene entre tres y diecisiete miembros –el director es miembro en virtud de su cargo– elegidos por períodos de un año; si un miembro es elegido dos veces sucesivas, queda invalidado para ser elegido para los dos años siguientes (Stephen, 1967: 12).[124] La Junta puede reunirse varias veces por semana y tiene importantes funciones, como la de supervisión del trabajo del director, lo que asegura la concreción de los planes de la empresa y la confección del plan anual.

---

[122] Encuéntrese en Kmetic (1967) una descripción de la organización de Rade Končar.

[123] También Singleton y Topham (1963a: 14) y Kmetic (1967: 13).

[124] Las reglamentaciones citadas en Blumberg (1968: 205) son levemente diferentes.

El otro "órgano de gestión" obligatorio por ley, además del Consejo y la Junta, es el Director de la empresa. Desde 1967, la elección final del aspirante al cargo –que se publica con un aviso– se encuentra en manos del Consejo de Trabajadores, y la permanencia del director en su cargo ha sido limitada a cuatro años.[125] El director, junto con el Colegio de cabezas de departamento, es responsable de la administración, el manejo diario de la empresa y la ejecución de las decisiones del Consejo de Trabajadores. También tiene otras facultades definidas por ley, como la de firmar contratos en nombre de la empresa, representarla en tratos con organismos externos y asegurar que la empresa opere dentro de los límites de la ley.

Antes de ver cómo funciona todo esto, será útil ver brevemente el desempeño económico de Yugoslavia en virtud del sistema de autogestión obrera; la idea es dilucidar si existen "disfunciones" económicas lo suficientemente importantes como para tornar "imposible" este sistema –si bien no se ha producido un colapso económico completo que pudiera atribuirse sin dudas a este sistema, hay numerosas dificultades respecto de lo que podría contar como evidencia confirmatoria–. Hacia 1964, el ingreso real por cabeza en Yugoslavia era casi cuatro veces mayor que el nivel de preguerra; durante toda la década hasta 1967, la producción total aumentó un promedio de 8 por ciento por año; y desde la guerra, la tasa de crecimiento "ha sido apenas menos veloz que en Japón".[126] Se trata de cifras meritorias, pero no un éxito rotundo. Las radicales reformas económicas de 1965 fueron provocadas en parte por problemas inflacionarios y de balanza de pagos; otro factor fue el deseo de modernizar las técnicas y librarse de la inversión antieconómica. Un autor cita la sobreinversión

[125] Hasta 1952, el director era designado por el Estado; luego, por una comisión compuesta por un número igual de representantes del Consejo de Trabajadores y de la Comuna. Puede ser desvinculado de su cargo por parte del Consejo, pero el procedimiento no es por completo claro. Véase Blumberg (1968: 205).

[126] *The Economist*, 16 de julio de 1966 y 19 de agosto de 1967.

a principios de la década de 1960 como "un testimonio de la autonomía de la gestión obrera" (Blumberg, 1968: 213),[127] pero, como deja traslucir su nombre popular, las llamadas "fábricas políticas" fueron el resultado de un cálculo político más que de uno del Consejo de Trabajadores. Un problema es en qué medida el sistema del Consejo de Trabajadores actuará como obstáculo a la modernización, a la introducción de técnicas para ahorro de mano de obra, etcétera. Hay cierta evidencia que indica que los Consejos son renuentes a votar por los despidos fundados en exceso de personal, pero, en virtud del sistema de gestión occidental ortodoxo, una modernización exitosa depende en gran medida de las condiciones económicas generales, del nivel de empleo y de factores como la disponibilidad de pagos para despidos por exceso de personal, vivienda, esquemas de reentrenamiento, entre otros, y lo mismo, con seguridad, se aplica en Yugoslavia. Es imposible determinar, en esta etapa, si el sistema de Consejo de Trabajadores planteará dificultades insuperables (podría incluso suceder que los Consejos tomaran ciertos asuntos –como el costo social– más en cuenta que una gestión ortodoxa), pero parece bastante claro que, incluso si no puede decirse que la expansión económica sea resultado directo del sistema, al menos, hasta el presente, no ha actuado como obstáculo particular a la expansión económica y la eficiencia. Para someter a prueba la tesis de la "imposibilidad" de democratizar las estructuras de autoridad de la industria de acuerdo con los parámetros vigentes en Yugoslavia debemos, entonces, examinar el funcionamiento interno del sistema. La primera pregunta que debemos formular aquí es si, dado que Yugoslavia es un Estado comunista, los Consejos de Trabajadores tienen, en efecto, algún poder independiente –por supuesto, incluso si no lo tuvieran, de esa negativa no se seguiría ninguna conclusión acerca de las posibilidades que tendría dicho sistema en un contexto sociopolítico diferente–.

[127] Respecto de las reformas económicas, véanse Neal y Fisk (1966), y *The Economist*, 16 de julio de 1966.

Hay varios canales a través de los cuales la Liga Comunista –el Partido– puede ejercer influencia o control sobre los Consejos de Trabajadores, pero el papel de la Liga misma es profundamente ambiguo. Por un lado, la Liga, en teoría, ya no ejerce control por gobierno directo, pero mantiene su papel directivo a través de "la fuerza de las ideas y los argumentos", y hay un debate permanente dentro de Yugoslavia sobre su rol y la cuestión de separar el Partido y el Estado. En la práctica, sin embargo, "las decisiones más importantes sobre el desarrollo de la sociedad siguen tomándose centralmente, y lo hace un pequeño grupo de líderes del Partido" (Riddell, 1968:55).[128] Por otro lado –lo cual ilustra el cariz "Dr. Jekyll-Mr. Hyde" de la Liga–, opera dentro de un sistema que, formalmente, es participativo en extremo y se enmarca en una mirada ideológica de la sociedad socialista como "caracterizada por el control consciente y organizado de todas las instituciones de la sociedad por parte de sus propios miembros" (p. 55).[129]

---

[128] Sobre los acontecimientos referidos a la posición de la Liga luego de la caída de Rancović, en 1966, véanse Neal y Fisk (1966) y Rubinstein (1968). Véase también "Borrador de tesis sobre el mayor desarrollo y reorganización de la Liga de Comunistas de Yugoslavia" (1967).

[129] No debería desestimarse esta postura ideológica tachándola de mero engaño. Como señala Riddell, la de Yugoslavia es una historia de tradición de autonomía local y hostilidad a la autoridad central; además, el movimiento partisano se basó en gran medida en los grupos y acciones locales –hoy en día, la Liga está organizada en función de los fundamentos de una república– y además los líderes yugoslavos conocían bien las doctrinas anarquistas-sindicalistas, además de la marxista ortodoxa. En el campo industrial, si el objetivo hubiera sido sólo "descentralizar una industria socializada" (Rhenman, 1968: 6), o dar más independencia a la gerencia –el resultado del sistema según un cierto punto de vista (Kolaja, 1965: 75)–, o suministrar una clase gerencial, entonces no habría habido necesidad de fijar estas particulares formas organizativas; aunque esto no equivale a decir que todas las consecuencias fueron previstas o con intención. Véanse también Deleon (1959) y Auty (1965) si se desea encontrar una historia de cómo se estableció el sistema actual.

Un canal a través del cual la Liga puede influir en los Consejos de Trabajadores es haciendo que sus miembros sean electos para la Asamblea Comunal. La Comuna –institución análoga a las unidades gubernamentales locales británicas– es la unidad política básica de Yugoslavia; sobre ella se edifican los niveles más altos. Básicamente, las cámaras de todos los niveles están divididas en dos, la cámara "municipal" y la Cámara de Comunidades de Trabajo; "los ciudadanos figuran en esta organización socioeconómica como individuos y también como ente colectivo en empresas e instituciones" (Milivojevic, 1965: 9)[130] –También existen otras cámaras–. Los procedimientos de designación y elección para la Asamblea Comunal son muy complicados –la elección es en parte directa y en parte, indirecta–, pero desde hace unos pocos años parece haberse introducido en estas elecciones una mayor capacidad de elección.[131] Las Comunas tienen considerable autonomía local en cuanto al gobierno, y están muy interesadas en las empresas localizadas en sus zonas porque una gran parte de su ingreso depende de la prosperidad económica de la Comuna. Estas tienen ciertos poderes en relación con cada empresa, lo cual incluye el derecho a hacer recomendaciones sobre políticas. Hoy en día, la empresa parece ser bastante más independiente en esta relación de lo que era en el pasado. Como ya se señaló, la designación del director dejó de ser una tarea compartida con la Comuna y, al menos en las fabricas estudiadas por un observador, el Consejo de Trabajadores adoptó una actitud independiente con respecto a las propuestas y solicitudes provenientes de la Comuna (Kolaja, 1965: 28, 62).

---

130 En 1963 había 581 comunas. Véase también la edición especial del *International Social Science Journal* (1961).

131 Sobre las elecciones, véase Riddell (1968: 58-59), Milivojevic (1965: 16-20), *The Economist*, 15 de abril y 24 de mayo de 1969 y las elecciones según los anteriores reglamentos electorales, Hammand (1955).

La Liga también puede funcionar a través de los sindicatos, otra organización cuyo papel es ambiguo, tanto en general como dentro de la empresa.[132] Tal vez la principal función de estos sea educativa, tanto hacia los trabajadores, para que desempeñen su papel en la gestión empresaria, como hacia los adultos y su educación en general; los sindicatos yugoslavos han "desarrollado funciones educativas y culturales en años recientes que son más abarcativas que las desempeñadas por cualquier órganos de la clase trabajadora conocido por los autores" (Singleton y Topham, 1963a: 21). La facultad de los sindicatos respecto de las elecciones de candidatos para los Consejos de Trabajadores ha sido recortada (véase a continuación), y la mayor parte de sus otras facultades dentro de la empresa se comparten con otros organismos. Kolaja, por su parte, observó que el sindicato de las fábricas visitadas por él dependía del Consejo debido a factores económicos.[133]

Aparte de estos canales indirectos, la forma obvia en que la Liga puede hacer sentir su influencia es a través de la elección de miembros para formar parte de los Consejos de Trabajadores. La proporción de miembros del Consejo de Trabajadores que también lo son de la Liga varía ampliamente, pero es con frecuencia muy alta en cada empresa. Singleton y Topham citan un promedio de 35 por ciento; en las dos fábricas visitadas por Kolaja fue del 70 por ciento y apenas por debajo del 50 por ciento, respectivamente; por su parte, una encuesta yugoslava dio un rango del 8 al 65 por ciento.[134] Es posible que no se elijan proporciones

---

[132] Encuéntrese una mirada yugoslava al respecto en Jovanovic (1960). Véase también Kolaja (1965:. 29-34).

[133] No puedo exponer aquí acerca del papel de los sindicatos en una estructura democratizada de autoridad industrial, pero baste decir que permanece la importante función de la protección de los intereses de cada uno de los trabajadores en tanto trabajadores, sea cual fuere la composición de la gerencia.

[134] Singleton y Topham (1963a: 10); Kolaja (1965: 16, tabla I), citado por la Organización Internacional del Trabajo (1962: 33).

tan importantes de miembros de la Liga en el futuro debido a los cambios en los procedimientos electorales introducidos en 1964. Originalmente, una lista de candidatos podía ser nominada por el 10 por ciento de los trabajadores o por la sucursal del Sindicato; por lo general, esta situación era sinónimo de que este último había suministrado las listas. Hoy en día, los candidatos pueden ser designados por cualquier trabajador y dos patrocinadores en una asamblea especial del colectivo. Hay competencia por los lugares; en el astillero Split, visitado por Stephen, por ejemplo, había 76 candidatos para 35 lugares en 1967. La elección es por voto secreto y la lleva a cabo un comité especial organizado por el Consejo; vota una alta proporción de trabajadores; Stephen brinda cifras del 87 por ciento en 1966 y 91,2 por ciento en 1967 (Stephen, 1967: 9-10).[135] Un obstáculo al control del Consejo por parte de la Liga es la frecuente rotación de sus miembros: la duración de los cargos es de dos años, y la mitad de ellos se renueva cada año.[136]

A partir de sus investigaciones, Kolaja (1965: 63) concluyó que la Liga "aparentemente no era una impulsora frecuente, sino, más bien, una observadora y censora". Pero tal vez la evidencia más interesante provenga del cuestionario suministrado por el mismo autor en la fábrica B, visitada por él. De los 78 encuestados a los que se les preguntó "¿Quién tiene la mayor influencia en la empresa?", sólo 4 pusieron a la Liga en primer lugar, 11 la pusieron segunda en influencia y 9 en tercer lugar, mientras que 45 encuestados pusieron primero el Consejo de Trabajadores, 25 al director, y 2 al Sindicato (p. 34, tabla 12). Cualquier evaluación del rol de la Liga, dado que puede operar en varias direcciones diferentes, es en

[135] Blumberg (1968) dice que el colectivo debe votar para aprobar la designación (p. 200). Respecto de las elecciones en virtud del sistema anterior, véase Singleton y Topham (1963a: 9).

[136] Blumberg (1968:198) dice que, en la actualidad, ningún miembro puede ocupar el cargo durante dos períodos consecutivos. Riddell (1968: 66) brinda cifras respecto de los elegidos en 1962, que muestran un grado considerable de continuidad.

extremo difícil. Tal vez lo único preciso mencionar para nuestro propósito es que, si bien la Liga obviamente no puede ser pasada por alto, sería un error dar por sentado que, por lo tanto, la totalidad de la estructura organizativa de la industria no cuenta para nada. En la actualidad, otros factores externos –como los económicos– pueden tener el mismo peso al interior de un Consejo de Trabajadores en particular. El Consejo está sujeto a que las asociaciones económicas –asociaciones de empresas que fabrican productos similares– influyan en las políticas de este; pero lo que es más importante es que, desde la implantación de las reformas de 1965, la empresa opera dentro de una economía que virtualmente es de libre mercado, y cada empresa compite con las demás; los bancos, principal fuente de crédito, son ahora organismos autónomos que operan en función de principios "capitalistas" en lo que concierne al crédito. Queda aún por verse cuán compatible resultará, en el largo plazo, esta relación entre libre mercado y empresas socializadas; pero en general, en cuanto a estos factores externos, no parece haber buenos motivos para suponer que los Consejos de Trabajadores –al menos algunos– no logran controlar sus propios asuntos: "Pese a algunas leyes restrictivas, cierta intervención por parte del gobierno y cierta presión del Partido, los Consejos de Trabajadores y sus Juntas electivas de gestión son, en efecto, responsables del control de sus propias empresas" (Neal y Fisk, 1966: 30).

Entonces, dado que vale la pena observar en mayor detalle el funcionamiento del sistema yugoslavo de autogestión obrera, pueden formularse algunas preguntas de aplicabilidad general a cualquier sistema de democracia industrial; se trata de preguntas formuladas con anterioridad, cuando consideramos las posibles interpretaciones de la palabra "imposible", que tienen que ver con la medida en la cual cualquier organismo gerencial de tiempo parcial formado por "trabajadores comunes" puede realmente controlar al personal experto de tiempo completo. También consideraremos en qué medida la masa obrera aprovecha las oportunidades que se le presentan, y en qué medida es posible, en virtud del sistema yugoslavo, que cada persona participe directamente en la toma de decisiones de la manera en que la teoría participativa de la democracia sostiene que debería hacerlo.

Una pregunta que vale la pena examinar es qué tipo de decisiones toman los Consejos de Trabajadores; ¿hay alguna evidencia de que a tal órgano de trabajadores, que se reúnen en ocasiones en calidad de gerentes, le resulta difícil lidiar con los problemas técnicos más importantes? Formalmente, el Consejo tiene amplísimas facultades en cuanto a la toma de decisiones. Además de las funciones ya mentadas, el Consejo

> aprueba las políticas y los planes de producción, salarios y comercialización, y las normas de conducta; además, aprueba los informes presentados por la Junta de Gestión; decide de qué manera se distribuirá esa parte de las ganancias que queda a disposición de la empresa [...] En general, el Consejo de Trabajadores tiene derecho a interesarse en cada problema de la empresa. También representa la más alta autoridad de la empresa a la cual pueden apelar las personas. (Kolaja, 1965: 6)

En el informe de la Organización Internacional del Trabajo (1962) se afirma que los organismos de gestión obrera "son directamente responsable de algunas de las obligaciones que recaen sobre la alta gerencia y sobre los ejecutivos de nivel alto y medio, en lo que se refiere tanto a cuestiones menores como a decisiones sobre políticas" (p. 163). Hay disponible cierta información respecto de la forma en que los Consejos invierten su tiempo. Kolaja analizó los temas debatidos en los Consejos de Trabajadores de las fábricas que visitó (según lo registrado en las actas que van desde 1957 a 1959), y los dividió en tres categorías. La primera, la categoría "productiva-financiera" –planificación de la producción, salarios, compra y venta de maquinarias–, corresponde aproximadamente a nuestra categoría de gerencia de alto nivel; las otras dos, las categorías "organización-mantenimiento" y "solicitudes individuales" –de licencias, quejas, etcétera– corresponden, en términos generales, al nivel gerencial inferior. En ambas fábricas, los Consejos de Trabajadores pasaron la mayor parte del tiempo en cuestiones que se encuadran dentro de la primera categoría (Kolaja, 1965: 24, tabla 6).[137] Las cuestiones a las cuales los Consejos han dedicado más atención han mostrado una interesante evolución a lo largo del tiempo. Un análisis de contenido de las actas de siete empresas, a lo largo de diez años, ha mostrado que, en dicho período, la cantidad de tiempo dedicada a los temas más importantes, correspondientes a la alta gerencia, se ha incrementado, mientras que el tiempo invertido en otras cuestiones ha disminuido. El autor argumentó que esta circunstancia indicaba que los miembros del Consejo de Trabajadores habían aprendido a dar tratamiento a cuestiones que trascendían su entorno inmediato; o, como lo expresa Riddell, que "'lentamente' comenzaban a entender el sistema".[138] Esto respalda el argumento de los teóricos de la democracia participativa sobre el amplio efecto educativo de la participación, en tanto esta expande los intereses y la perspectiva, y desarrolla las capacidades prácticas para la participación política.[139]

En un sentido, dado que los Consejos toman decisiones de esta índole, ha sido demostrada la posibilidad de que exista una estructura democrática de autoridad en la industria; el "gobierno" es elegido para el cargo por parte de todo el colectivo, es responsable ante el electorado y es reemplazable a instancias de este. Por otro lado, permanece vigente la cuestión del rol de los "expertos" profesionales en la empresa: ¿acaso el Consejo de Trabajadores funciona como un sello de goma para refrendar

---

[137] Stephen observó el mismo patrón en el astillero Split (1967: 17). Véase también la lista de temas del día de seis mil consejos en Blumberg (1968: 205-206) y la lista de debates y decisiones de la empresa Rade Koncar en Kmetic (1967: 27-28).

[138] Tomado de un relato de Kolaja (1965: 23). Riddell (1968:. 68).

[139] Sturmthal ha sugerido que esta evolución nada más refleja los cambios jurídicos. Si bien el marco jurídico ha cambiado, las facultades de los Consejos siempre han sido extensas; la cuestión es que dichos Consejos parecen ahora estar más dispuestos a ejercerlas, y también parecen ser más capaces de hacerlo. Sturmthal (1964: 109).

las decisiones que, en realidad, se toman en otro lado? El papel del director es aquí claramente importante, tanto en el plano formal como en el informal. La reducción de su plazo en el cargo a cuatro años significa que se acota el alcance del ejercicio de una "omnipotencia" desembozada; pero, como ya se ha dicho, el director tiene, en efecto, amplias facultades formales. Stephen (1967: 35) señala que en el astillero que él visitó figuraba una disposición en el "statut" –el instrumento constitutivo– por la cual se evitaba que el Consejo cambiara las decisiones tomadas por el director respecto de la ejecución de las políticas de la empresa; su único recurso era involucrar a la Comuna o despedir al director. No se sabe cuán habitual es dicha disposición. Ciertamente, en el pasado ha habido numerosos casos de directores que excedieron sus facultades, cuestión que la prensa yugoslava se ocupó de publicitar.[140] Nuevamente, parecería que en la actualidad la situación ha mejorado, pero en este caso, al igual que en todos los demás, es difícil generalizar debido a las diferentes condiciones que imperan en las distintas regiones de Yugoslavia. Sería mucho más fácil para un director dado a la omnipotencia "hacerse cargo" de una empresa en, digamos, Macedonia –donde probablemente encontrará una fuerza de trabajo poco alfabetizada y con poca experiencia industrial–, que en la República de Eslovenia, más sofisticada industrialmente. Cualquiera sea la posición respecto de la "omnipotencia", las observaciones realizadas en las asambleas de los Consejos de Trabajadores indican que la influencia ejercida por el director, el Colegio y otros "expertos" es considerable. La mayor parte de las sugerencias parecen venir del director y del Colegio; dichas sugerencias rara vez son rechazadas; también parece ser que los representantes de estos dos cargos son los que más se expresan. Esta circunstancia se aplica particularmente cuando se debaten los asuntos más importantes y técnicos –por ejemplo, el plan de producción–; sólo cuando se debaten temas de menor nivel –en particular, la cuestión de la asignación de las viviendas provistas a los trabajadores por parte de las

---

[140] Véanse Ward (1957) y Tochitch (1964).

empresas yugoslavas– participan, hasta cierto punto –o toman notas– los miembros de base del Consejo; y es en estas cuestiones en las cuales se produce un debate realmente vigoroso. El patrón fue similar en la empresa visitada por Stephen, donde la fuerza de trabajo tenía una escolaridad y calificación laboral relativamente altas –si bien en la asamblea en la que Stephen estuvo presente algunos de los temas de alto nivel se habían debatido con anterioridad– (Stephen, 1967: 38-41).[141] Por otro lado, un relato afirma, en efecto, que, en el caso de al menos una empresa, "las asambleas del Consejo y de la Unidad Económica a las que se asistió estuvieron marcadas por una votación muy frecuente, no habitualmente unánime, y se tomaron muchas decisiones importantes por las cuales se modificaban las propuestas del director, del presidente de la asamblea y de los subcomités"; el informe de la Organización Internacional del Trabajo menciona un ejemplo similar.[142]

Incluso contemplando algunos ejemplos de participación activa y efectiva de parte de las bases de algunos Consejos de Trabajadores, el panorama general de la influencia ejercida por el director y otros miembros del personal experto subraya lo que parece, a primera vista, ser un dilema casi insoluble para un sistema democrático y participativo en la industria. Si el máximo número de trabajadores ha de tener la oportunidad de ocupar un cargo de gestión, y si también ha de maximizarse el efecto educativo de la participación, entonces es necesario que se ocupen los cargos por períodos breves y a tiempo parcial; pero si los miembros del Consejo de Trabajadores han efectivamente de debatir cuestiones referidas

---

[141] Pueden encontrarse relatos sobre las reuniones de los Consejos de Trabajadores en Riddell (1968: 66-67) y Kolaja (1965: 45-50, 19-21, tabla 4). En la fábrica visitada por el primero, los trabajadores tenían b aja calificación profesional; en las visitadas por Kolaja, una alta proporción de los trabajadores eran mujeres, si bien Kolaja no parece darse cuenta que este hecho es significativo para la participación.

[142] Singleton y Topham (1963a: 23), Organización Internacional del Trabajo (1962: 236).

a políticas de alto nivel con el personal especializado, entonces parecería requerirse lo opuesto. En un país relativamente subdesarrollado como Yugoslavia, las dimensiones de este dilema se acentúan, pero no deberían extraerse implicancias demasiado abarcativas de esta circunstancia. Si esto es lo que torna "imposible" la democracia industrial, entonces –dado que cualquier organismo democrático electivo sufre un problema similar (en un gobierno local, por ejemplo)–, también es imposible la democracia política, y los teóricos que afirman que la democracia industrial es imposible no desean decir tal cosa. La cuestión real es el área en la cual se buscará una solución a este dilema en el contexto industrial: ¿qué medios tiene a su alcance el Consejo de Trabajadores para evaluar y llevar a cabo competentemente los planes y políticas? Una respuesta, por supuesto, es la experiencia; aquí es pertinente el argumento planteado en el capítulo anterior sobre la base de la evidencia de la participación parcial de alto nivel. Esta necesita estar vinculada con oportunidades de participación también en el nivel inferior. Es decir: de la misma forma que la participación en el lugar de trabajo actúa como "campo de entrenamiento" para la participación en la esfera política más amplia, la experiencia en la toma de decisiones a niveles gerenciales inferiores puede actuar como valioso entrenamiento para la participación en la toma de decisiones de alto nivel. El papel de las unidades económicas en Yugoslavia es vital en este sentido. En segundo lugar, hemos visto que una condición necesaria para la participación es la disponibilidad de información; aclaremos que en Yugoslavia podría hacerse mucho más respecto a este punto. En general, en las empresas yugoslavas, la información se pone a disposición de los trabajadores; el "principio de publicidad" es tal vez singular, ya que, en la mayoría de los casos, se suministra más información a los empleados de la que se suministra a sus pares de Gran Bretaña, Estados Unidos o la Unión Soviética (Kolaja, 1965: 76).[143] Pero, si bien en un informe se dice que en varias empresas las asambleas del Consejo y de la Unidad Económica

[143] Véase también Organización Internacional del Trabajo (1962: 280).

"se servían de gran cantidad de documentación sobre los puntos a tratar en el orden del día", no sucede así en todas partes (Singleton y Topham, 1963a: 24).[144] Como señala Sturmthal (1964: 189), si bien pocos gerentes de los sistemas industriales ortodoxos toman decisiones técnicas por sí solos –motivo por el cual es absurdo esperar que los miembros del Consejo lo hagan–, estos últimos requieren de todos modos información "complementaria" para evaluar las sugerencias de los demás. Aquí, los sindicatos podrían desempeñar un papel valioso obteniendo y suministrando esta información a los Consejos; podrían actuar como una especie de departamento de investigación o, como sugiere una exposición de origen yugoslavo, el Consejo podría contratar a sus propios expertos para hacer este tipo de trabajo (Bilandzic, 1967; Dragičević, 1966). Hasta tanto se hayan intentado acciones en la línea indicada, la cuestión de en qué medida es posible encontrar una solución satisfactoria a este dilema quedará sin respuesta. No obstante, no hay buenas razones para suponer que su existencia torna imposible la democratización de las estructuras de autoridad de la industria.

Ahora nos ocuparemos de la cuestión del alcance del involucramiento de la masa de trabajadores en el sistema de autogestión obrera de Yugoslavia. El primer punto que debe exponerse es que una cantidad notable de personas ya ha ocupado un cargo: entre 1950 y principios de 1960, más de un millón han prestado servicios en los Consejos de Trabajadores y en las Juntas de Gestión, lo cual representa una cuarta parte de la fuerza laboral industrial (Blumberg, 1968: 215).[145] Obviamente, una gran proporción de estos son trabajadores "comunes", pero debe aclararse que hay una ambigüedad en la denominación "Consejo de Trabajadores" que pocas exposiciones sobre la democracia industrial o el control obrero se preocupan por resolver. La definición de qué es un "obrero" suele que-

[144] Véase también Riddell (1968: 66).

[145] En 1960, la fuerza laboral total era de nueve millones de personas, de las cuales cinco millones eran trabajadores agrícolas (Auty, 1965: 157).

dar abierta, y no se dice si la palabra "obreros" se refiere sólo a los que realizan trabajos manuales, a los de bajo rango, o si el término incluye a los trabajadores "tanto manuales como intelectuales", es decir, todos los empleados de cualquier empresa. La implicación de expresiones como "autogestión obrera" o "control obrero" es que los trabajadores de bajo rango tienen la mayoría de los cargos en los organismos de gestión –lo cual es aceptable, dado que forman la mayor parte de la fuerza laboral–, pero no hay motivos para limitar la expresión "autogestión obrera" pura y exclusivamente a esta categoría de empleados cuando la democracia implica el sufragio universal y la participación de todos. En Yugoslavia, la división entre trabajadores manuales y administrativos dejó de estar oficialmente reconocida (Stephen, 1967: 13), pero no queda claro si sigue habiendo disposiciones en vigencia que aseguren que los organismos de gestión estén compuestos predominantemente por obreros manuales o de producción. Kolaja afirma que los trabajadores manuales deberían estar proporcionalmente representados entre los candidatos para el Consejo, y que tres cuartas partes de la Junta de Gestión debe emplearse directamente en la producción; pero en el astillero visitado más recientemente por Stephen, los obreros que allí trabajaban no tenían conocimiento de esta última disposición (Kolaja, 1965: 7-8).[146] Sea cual fuere la situación aquí, es difícil ver cómo, en virtud de cualquier proceso razonable de designación libre, podría cumplirse la disposición respecto de los candidatos, y no hay información sobre este tema. Pero sí hay información sobre la composición de los Consejos de Trabajadores; en ellos –en 1962–, las mujeres solían estar subrepresentadas, mientras que los trabajadores calificados y altamente calificados estaban sobrerrepresentados (Riddell, 1968: 66).[147] Este último hecho se ilustra en el astillero Split. Allí, si bien

[146] Stephen (1967: 13). Blumberg (1968: 217) repite la disposición sobre la Junta de Gestión.

[147] Esta circunstancia sigue el mismo patrón que la participación en organizaciones políticas y sociales en Occidente.

entre 1965 y 1967 la proporción de trabajadores manuales del Consejo de Trabajadores subió de un 61,3 a un 72,4 por ciento, en 1967 sólo un 2,6 por ciento de ellos eran semicalificados, y un 3,9 por ciento no tenían calificación alguna (Stephen, 1967: 11 y apéndice 2:2:1).[148] Los trabajadores de Split explicaron que esta baja representación de los menos calificados se debía a los bajos niveles educativos y al deseo de que los mejores hombres ocuparan los cargos. Es difícil ver cómo estos trabajadores aumentarán su representación hasta tanto suban los niveles educativos y se haya ganado experiencia de largo plazo en el sistema participativo, lo cual se espera que incremente su "disposición" psicológica a participar.

No obstante lo anterior, entre la clase trabajadora "alta" parece, en efecto, haber tasas bastante elevadas de participación en el alto nivel. Pero es preciso contrastar esta "figura" contra el "fondo", donde hay evidencia de una falta más general de conocimiento y de interés en el funcionamiento básico del sistema. En una de las fábricas visitadas por Kolaja, este habló con 24 personas sobre la asamblea del Consejo de Trabajadores; de esos 24, 10 no sabían nada acerca de esta (Kolaja, 1965: 51).[149] Riddell cita varias encuestas yugoslavas de conocimiento general acerca del sistema de autogestión obrera y, si bien los niveles variaron según el tipo de trabajador y el tipo de fábrica, aquellos solían ser bajos. En una fábrica, a 312 obreros se les preguntó quién tomaba las decisiones en cinco áreas de la vida fabril; 105 respondieron incorrectamente a todas las preguntas, y de los 312

---

[148] De los miembros que eran empleados administrativos, sólo un 3,9 por ciento tenían un nivel escolar elemental –los trabajadores que eran empleados administrativos formaban un 13 por ciento de la fuerza laboral total–. Confróntese con Kolaja (1964: 17, tabla I).

[149] Sin embargo, un ex presidente del Consejo señaló que "no suele suceder que se informe a los trabajadores acerca de los puntos a tratar del Consejo de Trabajadores". Kolaja va más allá de lo que le permite esta evidencia cuando atribuye a la falta de interés el hecho de que los miembros de base del Consejo no participen en los debates sobre cuestiones de alta gerencia. En ausencia de otras pruebas, podría también sostenerse que se debe a falta de confianza en sí mismos o a falta de información suficiente.

obreros, todos respondieron mal a alguna pregunta. Otro investigador comentó que "existe un hecho llamativo: una cantidad comparativamente grande de examinados no posee conocimiento elemental, y tiene una gran falta de información sobre importantes problemas sociales, económicos y políticos" (citado en Riddell, 1968: 62-63).[150] Riddell sugiere que esta falta de conocimiento e interés se debe a que "en general, el sistema se ha tornado demasiado complicado para la mayor parte de los trabajadores que deben operarlo" (Riddell, 1968: 64).[151] Ciertamente, hay una buena cantidad de reglamentaciones, y estas son modificadas con frecuencia –y el sistema de distribución del ingreso es muy complicado–, pero es difícil ver de qué manera la estructura organizativa de autogestión obrera podría ser menos complicada y aun contemplar la máxima participación –tanto directa como a través de representantes– en el alto nivel y en el bajo nivel.

Por desgracia, la mayor parte de los comentaristas prácticamente hace caso omiso de la participación de bajo nivel en el sistema yugoslavo; por eso, no hay modo de determinar si los niveles de participación e interés son más altos en esa esfera –a partir de evidencia previa sobre participación industrial, se esperaría que sí lo fueran–.[152] Esta circunstancia es desafortunada también por otra razón. Uno de los problemas planteados en relación con la teoría participativa de la democracia era en qué medida sería posible repetir el modelo participativo directo en el contexto de la industria moderna y de gran escala. El sistema yugoslavo

[150] Véase también Ward (1965).

[151] Una dificultad fundamental para interpretar la evidencia suministrada por los yugoslavos es qué peso debería atribuirse a la brecha existente entre la ideología oficial y la práctica oficial; ¿en qué medida entra este dato en la explicación del bajo nivel de interés en el sistema?

[152] Blumberg (1968), por ejemplo, menciona al pasar los acontecimientos de bajo nivel, y no intenta relacionarlos con la información sobre participación presentada en páginas anteriores de su libro.

ofrece ideas respecto de cómo lograrlo. En primer lugar, un factor ya mencionado, la rápida rotación en los cargos por parte de los miembros de los organismos de gestión significa que, a lo largo de una vida, cada persona debería tener, al menos una vez, la oportunidad de participar directamente en la toma de decisiones de esa manera. En segundo lugar, el sistema yugoslavo también ofrece a cada persona la oportunidad de participar en la toma de decisiones sobre cuestiones importantes a través del uso del referendo en la empresa. El informe de la Organización Internacional del Trabajo menciona que tales referendos han versado principalmente sobre la cuestión de la distribución del ingreso; sin embargo, en el astillero Split se organizó un referendo a instancias de una recomendación del gobierno federal de que se formara un consorcio con otras tres empresas del sector. La votación se llevó a cabo simultáneamente en los cuatro astilleros –bajo la jurisdicción de un comité especial–; la propuesta no prosperó porque los trabajadores de uno de los astilleros votaron en contra (Organización Internacional del Trabajo, 1962: 172; Stephen, 1967: 43-44).[153] La importancia de la participación de bajo nivel como "campo de entrenamiento" para la participación en la toma de decisiones ha sido mencionada antes. Aquí, la Unidad Económica es muy significativa porque permite que los trabajadores participen en la toma de decisiones con el mismo alcance para su propio colectivo en el bajo nivel que el que tienen las decisiones gerenciales para la empresa en su conjunto. Según un estudio, "los yugoslavos consideran que la creación de las Unidades Económicas es uno de los acontecimientos más significativos de los últimos veinte años" (Singleton y Topham, 1963a: 17).[154]

En las empresas más altamente descentralizadas, la relación entre la Unidad Económica y el Consejo de Trabajadores suele tomar la forma de una especie de contrato colectivo; además, hubo casos de unidades

---

[153] La propuesta iba a ser votada de nuevo seis meses más tarde.

[154] Esas unidades se crearon originalmente para intentar superar la tendencia de los Consejos a alejarse de los trabajadores (p. 14).

en las que se debatieron y votaron propuestas para independizarse de la empresa de la que eran parte. Estas unidades tienen amplias funciones; por ejemplo, disponen de parte de los fondos internos de la empresa, o se prestan dinero unas a otras (Singleton y Topham, 1963a: 15-17; 1936b).[155] Hay evidencia de que –al menos en unas pocas empresas– los trabajadores efectivamente hacen uso de las oportunidades brindadas para participar a bajo nivel. Stephen señala que, en la empresa visitada por él, los obreros menos calificados y menos alfabetizados tenían proporcionalmente una mayor representación en los Consejos Departamentales; por su parte, en el informe de la Organización Internacional del Trabajo se describe una asamblea ordinaria de fábrica, donde "los comentarios y las sugerencias provenían de todos lados [...] un tercio o más de los trabajadores tomaban parte [...] y no había casi vergüenza por dudar al hablar [...] o por diferencias de grado entre los que tomaban la palabra" (Organización Internacional Trabajo, 1962: 172).

No querría afirmar que el sistema de autogestión obrera de Yugoslavia brinda un ejemplo exitoso de democratización de las estructuras de autoridad, o de que la evidencia presentada aquí permite que se extraigan numerosas conclusiones en firme. Se necesita mucha más información sobre varios puntos; en particular, es necesario que haya un estudio abarcativo del funcionamiento del sistema en diferentes tipos de empresa y en áreas diversas del país. Tal vez esta información esté disponible en el futuro porque, como ha señalado Riddell (1968: 69), Yugoslavia "brinda un laboratorio de investigación sobre las posibilidades y los efectos psicológicos de la descentralización del control en sociedades modernas de gran escala. Prácticamente no hay limitaciones –salvo las del idioma– para emprender tal investigación en la actualidad". Pese a estas reservas, y al hecho de que la existencia de la Liga Comunista y el subdesarrollo de la economía yugoslava dificultan la comparación directa con Occidente, una conclusión que puede extraerse es que la experiencia yugoslava no

[155] Véase también Kmetic (1967: 20-26).

brinda motivos para suponer que la democratización de las estructuras de autoridad de la industria es imposible, aun a sabiendas de las dificultades que esta pueda implicar.

Esta exposición sobre la democracia industrial en Yugoslavia concluye el examen de la evidencia empírica pertinente a los argumentos de la teoría participativa de la democracia. Esta evidencia indica que la conclusión general que extraeremos en lo que concierne a la teoría democrática es clara. La afirmación de la teoría participativa de la democracia de que la condición necesaria para establecer un gobierno democrático es una sociedad participativa no es poco realista. Si puede concretarse o no el ideal de los teóricos "clásicos" de la democracia participativa sigue siendo, en gran medida, una pregunta abierta sobre la cual aún se puede trabajar.

CAPÍTULO VI
Conclusiones

Los debates recientes sobre la teoría de la democracia han quedado desplazados por el mito de la "doctrina clásica de la democracia", propagada con tanta efectividad por Schumpeter. El hecho de no haber reexaminado esta noción impidió que se produjera una comprensión adecuada de los argumentos de (algunos de) los teóricos clásicos sobre el papel central de la participación en la teoría de la democracia; evitó tal comprensión incluso de parte de los autores que deseaban defender una teoría participativa de la democracia. Esta situación ha significado que la ortodoxia académica predominante sobre el tema –la teoría contemporánea de la democracia– no ha sido objeto de una crítica sustantiva y rigurosa, y tampoco se ha presentado un argumento realmente convincente a favor de la vigencia de la teoría participativa frente a lo hechos de la vida política moderna y de gran escala.

El principal aporte a la teoría democrática de estos teóricos "clásicos", a quienes hemos llamado los "teóricos de la democracia participativa", consiste en dirigir nuestra atención a la interrelación entre las personas y las estructuras de autoridad de las instituciones en las que se enmarcan sus interacciones. Esto no equivale a decir que los autores modernos tengan un desconocimiento absoluto de esta dimensión. Claramente no es así, según lo confirma gran parte de la sociología política –sobre todo, la que da tratamiento a la socialización política–. Pero, pese a ello, las implicancias de las conclusiones sobre socialización respecto de la teoría contemporánea de la democracia no han sido apreciadas. El vínculo entre estos hallazgos –en particular, sobre el desarrollo del sentido de eficacia política en adultos y niños, y la noción de "carácter democrático"– ha sido soslayado. Si bien muchos de los defensores de la teoría contemporánea de la democracia sostienen que para la existencia de una democracia (estable) es necesario contar con un carácter determinado, un conjunto de cualidades o actitudes psicológicas –al menos, en una parte de la población–, tales defensores son mucho menos claros sobre cómo podría desarrollarse este carácter o cuál es realmente su relación con el funcionamiento del "método democrático". Si bien la mayor parte de estos defensores no apoya la afirmación de Schumpeter de que el método democrático y el carácter democrático no están conectados, tampoco se esfuerzan mucho por examinar la naturaleza de la relación postulada. Ni siquiera Almond y Verba, luego de mostrar claramente la conexión entre un entorno participativo y el desarrollo del sentido de eficacia política, muestran conciencia alguna de la significación de esta conexión en su capítulo teórico final.

Sin embargo, esta omisión es sólo parte de una característica más general y llamativa de muchos de los escritos recientes sobre teoría democrática. Pese al énfasis puesto por la mayor parte de los teóricos políticos modernos en el carácter empírico y científico de su disciplina, todos muestran –al menos, en lo que se refiere a la teoría democrática– una curiosa renuencia a observar los hechos con un espíritu cuestionador. Es decir, parecen resistentes a ver si se puede ofrecer una explicación teórica respecto de por qué los hechos políticos son como son; en lugar de ello, dieron por sentado que ya se había demostrado que la teoría que bien pudo haber brindado una explicación se encontraba perimida y se concentraron en construir acríticamente una teoría "realista" que encajara con los hechos tal como estos eran mostrados por la sociología política.

El resultado de este proceso unilateral ha sido no sólo una teoría democrática que tiene implicancias normativas no reconocidas –implicancias que sitúan al sistema político anglosajón como ideal democrático–, sino que además ha dado como resultado una teoría "democrática" que en muchos aspectos tiene un extraño parecido con los argumentos antidemocráticos del siglo XIX. La teoría democrática ya no se centra en la participación del "pueblo", en la participación del hombre común, ni se considera que la virtud primordial de un sistema político democrático es el desarrollo de las cualidades políticas necesarias en el individuo común; en la teoría contemporánea de la democracia, es la participación de la élite minoritaria lo que es crucial, así como la no participación del hombre común y apático, que carece del sentido de eficacia política, cosa que se considera como el principal baluarte contra la inestabilidad. En apariencia, a los teóricos recientes no se les ocurrió preguntarse por qué habría de haber una correlación positiva entre apatía, bajo sentido de eficacia política y bajo nivel socioeconómico. Sería más plausible sostener que los teóricos clásicos de la democracia no eran realistas en su noción de "carácter democrático" ni en su afirmación de que este, dado un cierto entorno institucional, se encontraba disponible para que todo individuo o desarrollara, siempre y cuando las personas que hoy en día no llegaran a satisfacer dicho criterio se encontraran distribuidas uniformemente en todos los sectores de la comunidad. El hecho de que no lo estén debería llevar a los teóricos políticos empíricos a preguntarse por qué.

Una vez que se formula la pregunta de si podría haber factores institucionales que brindaran una explicación a los hechos sobre apatía tal como lo sugiere la teoría participativa de la democracia, el argumento de la estabilidad parece tener bases mucho menos sólidas. La mayor parte de los teóricos recientes han aceptado gustosamente la garantía de Sartori de que la inactividad del hombre común "no es culpa de nadie" y han tomado los hechos como dados, sin que mediara crítica, al efecto de construir una teoría. Con todo, hemos visto que la evidencia sostiene los argumentos de Rousseau, Mill y Cole, según los cuales efectivamente aprendemos a participar participando, y que es más probable que los sentimientos de eficacia política se desarrollen en un entorno participativo. Además, la evidencia indica que la experiencia de una estructura participativa de autoridad también podría ser efectiva para disminuir las tendencias hacia actitudes no democráticas en el individuo. Si los recién llegados al escenario político han sido previamente "educados" para desempeñarse en este, entonces, su participación no planteará peligros para la estabilidad del sistema. Parece extraño, pero esta evidencia contra el argumento de la estabilidad debería ser bienvenida por algunos autores que defienden la teoría contemporánea, porque ocasionalmente subrayan que deploran los bajos niveles de participación e interés en la política que existen en la actualidad.

El argumento de la estabilidad sólo ha parecido convincente porque la evidencia relativa a los efectos psicológicos de la participación jamás ha sido considerada en relación con las cuestiones de teoría política o, más específicamente, de teoría democrática. Ambos bandos del debate actual sobre el rol de la participación en la teoría moderna de la democracia han captado la mitad de la teoría de la democracia participativa. Los defensores de los primero teóricos han enfatizado que su objetivo era la producción de una ciudadanía educada y activa. Por su parte, los teóricos de la democracia contemporánea han señalado la importancia de la estructura de autoridad en esferas no gubernamentales para la socialización política. Pero ninguno se ha dado cuenta de que los dos aspectos están conectados, ni de la significación de la evidencia empírica para sus argumentos.

Sin embargo, el aspecto de socialización en la teoría participativa de la democracia también es capaz de ser absorbido en el marco general de la teoría contemporánea ya que suministra el basamento para una teoría más sólida de la democracia estable que las ofrecidas hasta el presente. El análisis de la participación en el contexto industrial ha puesto en claro que puede ser necesaria sólo una modificación relativamente menor de las estructuras de autoridad existentes en la industria para el desarrollo del sentido de eficacia política. Es totalmente concebible, dadas las teorías recientes sobre gestión empresaria, que la participación parcial en el bajo nivel pueda generalizarse en las empresas bien administradas del futuro debido a la multiplicidad de ventajas que parecen aportar a la eficiencia y a la capacidad de la empresa de adaptarse a las circunstancias cambiantes. No obstante, si el argumento de la socialización es compatible con cualquiera de ambas teorías, las dos siguen en conflicto respecto de su aspecto más importante: sus respectivas definiciones de sociedad democrática. ¿Es solamente la presencia de líderes en situación de competencia a nivel nacional, por quienes el electorado puede votar periódicamente, o se requiere también que exista una sociedad participativa, una sociedad tan organizada que cada persona tenga la oportunidad de participar directamente en todas las esferas políticas? Por supuesto, no nos hemos propuesto demostrar que se trata de una alternativa o la otra; lo que hemos considerado es si la idea de una sociedad participativa es tan absolutamente irrealizable como sostienen los autores que presionan para que se lleve a cabo una revisión de la teoría participativa de la democracia.

La idea de una sociedad participativa requiere que se amplíe el alcance del término "político" de forma tal que contemple esferas externas al gobierno nacional. Ya se ha señalado que numerosos teóricos políticos defienden con vigor tal ampliación. Por desgracia, esta definición tan abarcativa –y, lo que es más importante, sus implicancias para la teoría política– suele ser olvidada cuando estos mismos teóricos vuelcan su atención a la teoría democrática. El reconocimiento de la industria como sistema político por derecho propio elimina de inmediato muchas de las ideas confusas que existen sobre democracia –y su relación con la participación– en el contexto industrial. Descarta el uso de la palabra "democrático" para describir un abordaje amistoso por parte de los supervisores, uso este que hace caso omiso de la estructura de autoridad dentro de la cual se da tal abordaje, y también censura el argumento que insiste, sobre la base de una comparación espuria con la política nacional, en que la democracia industrial ya existe. Hay muy poco en la evidencia empírica sobre lo cual basar el argumento de que la democracia industrial –la participación plena a alto nivel– es imposible. Por otro lado, hay mucho material que sugiere que hay involucradas numerosas dificultades y complejidades, más de las indicadas, por ejemplo, en los primeros escritos de G. D. H. Cole.

Si bien pueden extraerse pocas conclusiones en firme a partir del material sobre el sistema de autogestión empresaria por parte de los trabajadores yugoslavos, el hecho de que dicho experimento haya funcionado –incluso en un contexto desfavorable-, y que al menos en cierta medida haya funcionado de acuerdo con la teoría, es evidencia que no puede ser desestimada. Las soluciones sugeridas en el capítulo anterior a algunos de los problemas involucrados en el establecimiento de un sistema de democracia industrial –como el dilema entre el control de "expertos" y la posibilidad concreta de máxima participación en el organismo de gestión y administración– son en extremo tentadoras. Mientras no contemos con un ejemplo de un sistema donde la "información complementaria" esté disponible para uso de un organismo electivo de gestión, no tendremos forma de saber si este sistema podría suministrar una respuesta aceptable –si bien tal vez el hecho de que la gerencia vaya también a estar compuesta por trabajadores experimentados en operar el establecimiento a nivel de la fábrica no debería subestimarse en lo que se refiere a cuestiones de experiencia–.

La principal dificultad en todo debate sobre las posibilidades empíricas de democratizar las estructuras de autoridad de la industria es que no contamos con suficiente información sobre un sistema participativo que contenga oportunidades de participación tanto a bajo como a alto nivel para someter satisfactoriamente a prueba algunos de los argumentos de la teoría participativa de la democracia. La importancia del nivel bajo en el proceso participativo en la industria se ilustra con la evidencia obtenida tanto de Gran Bretaña como de Yugoslavia. El nivel bajo desempeña el mismo papel con respecto a la empresa que el que generalmente desempeña la participación en la industria respecto de la esfera política nacional. La evidencia sugiere que el bajo nivel de demanda de participación de alto nivel en el lugar de trabajo podría explicarse como un efecto del proceso de socialización que, tanto a través de la aceptación por parte del joven ingresante del rol que le correponde en la empresa como de las experiencias individuales en el lugar de trabajo, podría llevar a muchos trabajadores a creer que la participación de alto nivel "no está disponible". Así, la posibilidad de que exista participación de bajo nivel es crucial para responder la pregunta sobre la cantidad de trabajadores de los cuales, en el largo plazo, se podría esperar que aprovecharan las oportunidades ofrecidas en un sistema democratizado. En ausencia de este vital campo de entrenamiento, incluso si se introdujera la participación de alto nivel a gran escala, sería improbable que, por sí misma, esta participación despertara una respuesta masiva de entre los trabajadores del más bajo nivel –o, en consecuencia, producir un gran efecto en el desarrollo del sentido de eficacia política–. Entonces, la idea de que la gran mayoría de los trabajadores participaría activamente en un sistema industrial democratizado, tal como lo da por sentado la teoría de la democracia participativa, continúa siendo en gran medida una conjetura, si bien la demanda de participación a bajo nivel sugiere que –siempre y cuando estuvieran disponibles las oportunidades para ella– más trabajadores de lo que piensan los más escépticos podrían, en última instancia, aprovechar esa oportunidad de participar.

Hoy en día, la cuestión de la eficiencia económica tiene altas probabilidades de pisar fuerte en cualquier debate sobre las cuestiones involucradas en la democratización de las estructuras de autoridad de la industria; en particular, en qué medida la igualdad económica implicada en todo sistema de democracia industrial sería compatible con la eficiencia. Con frecuencia, se tacha la igualdad económica de tema poco pertinente a la democracia; sin embargo, una vez que la industria sea reconocida como sistema político por derecho propio, es claro que será necesario un grado significativo de igualdad económica. Si se procede a la abolición de las desigualdades en el poder de tomar decisiones, los argumentos a favor de otras formas de desigualdad económica se vuelven igualmente débiles.

El ejemplo de Scott Bader Commonwealth indica que un alto grado de estabilidad laboral para el trabajador común no es incompatible con la eficiencia; además, las considerables desigualdades que existen en la seguridad de conservar el empleo –y en los diversos beneficios adicionales asociados con dicha seguridad– parecerían ser los aspectos más salientes de la desigualdad económica en términos modernos –ciertamente, sin dicha seguridad, es imposible lograr la independencia de la persona, que tanto valoraba Rousseau–. Por otra parte, el Commonwealth opera dentro de un rango acotado de salarios, pero es difícil decir mucho sobre en qué medida la igualación de ingresos –que es lo que la mayoría de la gente piensa primero cuando se menciona la igualdad económica– sería en definitiva compatible con la eficiencia económica; toda la cuestión de los "incentivos", por ejemplo, está muy discutida, o, para el caso, estimar qué nivel de igualdad en este sentido se requiere para que haya participación efectiva. Tampoco sería fructífero especular sobre la forma en que los organismos electivos de gestión empresaria podrían sopesar los factores involucrados en la distribución del ingreso dentro de la empresa; sin embargo, la experiencia yugoslava, con el correr del tiempo, puede ofrecer alguna orientación útil sobre esta cuestión. En general, las pruebas no muestran impedimentos obvios ni serios para la eficiencia económica que podrían poner en tela de juicio toda la idea de la democracia industrial.[156] En realidad, gran parte de la evidencia sobre participación de bajo nivel brinda respaldo a la idea de Cole de que todo sistema participativo liberará reservas de energía y de iniciativa en el trabajador común y, por lo tanto, aumentará la eficiencia. Pero incluso

[156] Poco se ha mencionado respecto de la cuestión de la titularidad de la industria en virtud del sistema participativo porque tal mención nos habría alejado demasiado de nuestro tema principal. Como muestran los ejemplos de participación parcial de alto nivel en Gran Bretaña, hay disponible una cantidad de opciones mayor a la sugerida por la dicotomía que habitualmente se plantea entre "capitalismo" y "nacionalización total". Encuéntrese una exposición reciente e interesante sobre titularidad en Derrick y Phipps (1969: 1-35).

si surgiera alguna ineficiencia a partir de la introducción de la toma democrática de decisiones en la industria, que tal supuesto brinde o no un argumento concluyente para el abandono de esta dependerá del peso otorgado a los demás resultados que podrían producirse, específicamente los resultados humanos que los teóricos de la democracia participativa consideraron de primordial significación.

Hemos considerado la posibilidad de establecer una sociedad participativa solamente con respecto a un área, la de la industria; pero dado que la industria ocupa un lugar vitalmente importante en la teoría de la democracia participativa, eso es suficiente para establecer la validez de la noción de sociedad participativa. El análisis del concepto de participación presentado aquí puede aplicarse a otras esferas, si bien no pueden considerarse las cuestiones empíricas planteadas por la ampliación de la participación a áreas distintas de la industria. No obstante ello, podría ser útil indicar brevemente algunas de las posibilidades que existen en esta dirección.

Comencemos, en efecto, por el principio, con la familia. Las modernas teorías sobre crianza de niños –sobre todo las del Dr. Spock– han ayudado a influir en la vida familiar, sobre todo entre las familias de clase media, en una dirección más democrática que antes. Pero si la tendencia general es hacia la participación, los efectos educativos que surgen de ella pueden verse anulados si las experiencias posteriores del individuo no operan en la misma dirección. En los últimos años, las demandas más urgentes de participación han provenido de los estudiantes, y es claro que dichas exigencias son muy pertinentes a nuestro argumento general. Con respecto a la introducción de un sistema participativo en instituciones de educación superior, es suficiente notar aquí que, si los argumentos para dar al joven trabajador la oportunidad de participar en el lugar de trabajo son convincentes, entonces hay buenos motivos para darle similares oportunidades a su coetáneo, el estudiante; ambos son los ciudadanos maduros del futuro. Una persona a quien le pasarían de largo las oportunidades de participar en la industria es el ama de casa de tiempo completo. Ella podría encontrar oportunidades de participar en el nivel del gobierno local, sobre todo si dichas oportunidades incluyen el campo de la vivienda y, en particular, la vivienda pública. Los problemas de administrar grandes desarrollos habitacionales parecerían dar amplio margen a los residentes para que participen en la toma de decisiones; los efectos psicológicos de tal participación podrían llegar a ser extremadamente valiosos en este contexto. No tiene mucho sentido hacer una lista de las posibles áreas de participación, pero estos ejemplos brindan, en efecto, un indicio de la forma en que podría realizarse un cierto movimiento hacia una sociedad participativa.

Un defensor de la teoría contemporánea de la democracia podría objetar en este punto que, si bien la idea de una sociedad participativa podría no ser completamente impracticable, tal idea no afecta su definición de democracia. Aunque las estructuras de autoridad de la industria –y tal vez de otras áreas– se democratizaran, tal acto tendría escaso efecto sobre el papel desempeñado por el individuo; este papel seguiría limitado, según señalaría nuestro objetor, a una elección entre líderes o representantes en situación de competencia. El paradigma de la participación directa no tendría aplicación ni siquiera en una sociedad participativa. Un argumento similar se planteó en el debate sobre el sistema de autogestión obrera de la empresa en Yugoslavia, y quedó claro que, dentro del contexto industrial, esta objeción está fuera de lugar. Cuando un sistema industrial participativo permite la participación de alto y de bajo nivel, hay lugar para que el individuo participe directamente en una amplia gama de decisiones y, al mismo tiempo, sea parte de un sistema representativo; uno no excluye al otro.

Si así sucede en lo que respecta a las áreas alternativas de participación, hay un sentido obvio por el cual la objeción es válida en lo que respecta a la política nacional. En un electorado de, digamos, 35 millones de personas, el papel del individuo debe consistir casi por completo en elegir representantes; incluso cuando pueda emitir un voto en un referendo, su influencia sobre el resultado será infinitesimalmente pequeña.

A menos que las dimensiones de las unidades políticas nacionales se redujeran drásticamente, ese trozo de realidad no está abierto al cambio. En otro sentido, sin embargo, esta objeción es érronea, porque se apoya en una falta de apreciación de la importancia de la teoría participativa de la democracia para sociedades modernas, industrializadas y de gran escala. En primer lugar, sólo si la persona tiene la oportunidad de participar directamente en la toma de decisiones y de elegir representantes en las áreas alternativas es que, bajo las condiciones actuales, puede esperar tener algún control efectivo sobre el curso de su vida o sobre el desarrollo del entorno en el cual vive. Por supuesto, es cierto que no se toman exactamente las mismas decisiones, por ejemplo, en el lugar de trabajo que en la Cámara de los Comunes o en el Gabinete, pero sí podemos concordar con Schumpeter y sus seguidores al menos a este respecto: que es dudoso que el ciudadano promedio esté alguna vez tan interesado en las decisiones tomadas a nivel nacional como lo está en las decisiones que se toman en un ámbito más cercano a él. No obstante lo dicho, el punto importante es, en segundo lugar, que la oportunidad de participar en las áreas alternativas significaría que una parte de la realidad habría cambiado, llámese el contexto dentro del cual se lleva a cabo toda la actividad política. El argumento de la teoría participativa de la democracia es que la participación en las áreas alternativas permitiría a la persona apreciar mejor la conexión entre las esferas pública y privada. El hombre común podría, de todas formas, seguir estando más interesado en cuestiones cercanas a su persona, pero la existencia de una sociedad participativa significaría que fue mucho más capaz de evaluar la actuación de los representantes a nivel nacional, que estuvo mejor pertrechado para tomar decisiones de alcance nacional cuando surgió la oportunidad de hacerlo, y tuvo más capacidad de sopesar el impacto que producirían sobre su propia vida y entornos inmediatos las decisiones tomadas por los representantes nacionales. En el contexto de una sociedad participativa, el significado de este voto para la persona habría cambiado; además de ser un individuo en la esfera privada, tendría numerosas oportunidades de convertirse en un ciudadano educado y público.

Es este ideal, un ideal que tiene una larga historia en el pensamiento político, el que se ha perdido de vista en la teoría contemporánea de la democracia. No sorprende entonces que, tal vez, para algún escritor reciente, un ideal democrático tan abarcativo sea "peligroso", y este mismo autor recomiende que restrinjamos nuestro estándar de lo que puede lograrse en la vida política democrática a apenas poco más de lo que ya existe. La afirmación de que el sistema político anglosajón resuelve cuestiones difíciles de manera destacable parece bastante menos plausible –desde, por ejemplo, los sucesos que tuvieron lugar en las ciudades estadounidenses a fines de la década de 1960 o el descubrimiento realizado en Gran Bretaña de que, en medio de la riqueza, muchos ciudadanos no sólo son pobres, sino que no tienen hogar– de lo que debió haber sido a fines de la década de 1950 y principios de la de 1960, pero tal afirmación pudo haber parecido una descripción "realista" en ese entonces porque jamás se formulaban preguntas sobre ciertas características del sistema o ciertos aspectos de los datos recopilados, pese a la muy promocionada base empírica de la nueva teoría. En suma, la teoría contemporánea de la democracia representa un considerable fracaso de la imaginación política y sociológica de parte de los teóricos recientes de la democracia.

Cuando el problema de la participación y su papel en la teoría democrática se sitúa en un contexto más amplio que el suministrado por la teoría contemporánea de la democracia, y se relaciona el material empírico pertinente con las cuestiones teóricas, se hace evidente que ni las exigencias de mayor participación ni la teoría de la democracia participativa misma se basan, como se suele afirmar, en ilusiones peligrosas o en un basamento teórico obsoleto y poco realista. Aún es posible tener una teoría moderna y viable de la democracia que conserve en su médula la noción de participación.

Bibliografía

(Además de los trabajos citados en el texto, la bibliografía contiene fuentes adicionales a las cuales se hizo referencia)

Alford, R. F. (1964). Party and Society. Londres: John Murray.

Almond, G. A. y Verba, S. (1965). The Civic Culture. Boston: Little Brown & Co.

Anderson, N. (1961). Work and Leisure. Londres: Routledge & Kegan Paul.

Argyris, C. (1957). Personality and Organisation. Nueva York: Harper Bros.

— (1964). Integrating the Individual and the Organisation. Nueva York: Wiley.

Auty, P. (1965). Yugoslavia. Londres: Thames & Hudson.

Bachrach, P. (1967). The Theory of Democratic Elitism: A Critique. Boston: Little, Brown & Co.

Banks, J. A. (1963). Industrial Participation. Liverpool University Press.

Barratt Brown, M. (1960a). "Yugoslavia Revisited". En: New Left Review, Nro. 1.

— (1960b). "Workers' Control in a Planned Economy". En: New Left Review, Nro. 2.

Barry, B. M. (1964). "The Public Interest". En: Proceedings of the Aristotelian Society, suplemento del vol. 38.

Bay, C. (1965). "Politics and Pseudo-politics". En: American Political Science Review, Vol. LIX, Nro. 2.

Bell, D. (1960). "Work and its Discontents". En: The End of Ideology. Nueva York: Free Press.

Bendix, R. (1956). Work and Authority in Industry. Nueva York: Wiley.

Bendix, R. y Fisher, L. H. (1962). "The Perspectives of Elton Mayo". En: Etzioni, A. (ed.). Complex Organisations. Nueva York: Holt, Rinehart.

Bentham, J. (1843). Works. Bowring J. (ed.). Edimburgo: Tait.

Berelson, B. R. (1952). "Democratic Theory and Public Opinion". En: Public Opinion Quarterly, Vol. 16, Nro. 3.

Berelson, B. R., Lazarsfeld, P. F. y McPhee, W. N. (1954). Voting. University of Chicago Press.

Berlin, I. (1958). Two Concepts of Liberty. Oxford University Press.

Bilandzic, D. (1967). "Workers' Management of Factories". En: Socialist Thought and Practice, Nro. 28.

Blau, P. M. y Scott, W. R. (1963). Formal Organisations. Londres: Routledge & Kegan Paul.

Blauner, R. (1960). "Work Satisfaction and Industrial Trends in Modern Society". En: Galenson, W. y Lipset, S. M. (eds.). Labour and Trade Unionism. Nueva York: Wiley.

— (1964). Freedom and Alienation. University of Chicago Press.

Blum, F. H. (1968). Work and Community. Londres: Routledge & Kegan Paul.

Blumberg, P. (1968). Industrial Democracy: The Sociology of Participation. Londres: Constable.

Boston, R. (1968). "What Leisure?". En: New Society, Nro. 28.

Brown, W. (1960). Exploration in Management. Londres: Heinemann.

Burns, J. H. (1957). "J. S. Mill and Democracy". En: Political Studies, Vol. V, Nros. 1 y 2.

Campbell, A., Gurin, G. y Miller W. (1954). The Voter Decides. Illinois: Row, Peterson.

Carey, A. (1967). "The Hawthorne Studies: A Radical Critique". En: American Sociological Review, Vol. 32, Nro. 3.

Carpenter, L. P. (1966). G. D. H. Cole: An Intellectual Biography. Harvard: tesis doctoral inédita.

Chamberlain, N. W. (1958). Labour. Nueva York: McGraw Hill.

— (1963). "The Union Challenge to Management Control". En: Industrial and Labour Relations Review, vol. 16, Nro. 2.

Chandler, M. K. (1964). Management Rights and Union Interests. Nueva York: McGraw Hill.

Chinoy, E. (1955): Automobile Workers and the American Dream. Nueva York: Doubleday.

Clegg, H. A. (1960). A New Approach to Industrial Democracy. Oxford: Blackwell.

Coates, K. (ed.) (1968). Can the Workers Run Industry. Londres: Sphere Books.

Coates, K. y Topham, A. (1968). Industrial Democracy in Great Britain. Londres: Macgibbon & Kee Ltd.

Cobban, A. (1964). Rousseau and the Modern State. Londres: Geo. Allen & Unwin.

Coch, L. y French J. R. P. (1948). "Overcoming Resistance to Change". En: Human Relations, Vol. 1, Nro. 4.

Cole, G. D. H. (1913). The World of Labour. Londres: G. Bell & Sons.

— (1915). "Conflicting Social Obligations". En: Proceedings of the Aristotelian Society, Vol. XV.

— (1918). Labour in the Commonwealth. Londres: Headley Bros.

— (1919). Self-government in Industry. Londres: G. Bell & Sons.

— (1920a). Social Theory. Londres: Methuen.

— (1920b). Guild Socialism Restated. Londres: Leonard Parsons.

— (1920c). Chaos and Order in Industry. Londres: Methuen.

Commune in Yugoslavia, the (1961). International Social Science Journal, Vol. XIII, Nro. 3, número especial.

Cotgrove, S. (1967). The Science of Society. Londres: Geo. Allen & Unwin.

Dahl, R. A. (1956a). Preface to Democratic Theory. University of Chicago Press.

— (1956b). "Hierarchy, Democracy and Bargaining in Politics and Economics". En: Eulau, H., Elderveld, S. y Janowitz, M. (eds.). Political Behaviour. Glencoe: Free Press.

— (1963). Modern Political Analysis. New Jersey: Prentice-Hall.

— (1966). "Further Reflections on the 'Elitist Theory of Democracy'". En: American Political Science Review, Vol. LX, Nro. 2.

Davis, L. (1964). "The Cost of Realism: Contemporary Restatements of Democracy". En: Western Political Quarterly, Vol. XVII.

Day, R. C. y Hamblin, R. L. (1964). "Some Effects of Close and Punitive Styles of Supervision". En: American Journal of Sociology, Vol. LXIX, Nro. 5.

Deleon, A. (1959). "Worker's Management". En: Annals of Collective Economy, Vol. XXX.

Derrick, P. y Phipps, J. F. (1969). Co-ownership, Co-operation and Control. Londres: Longman.

Draft Theses on the future Development and Reorganisation of the League of the Communists of Yugoslavia (1967). Socialist Thought and Practice, Nro. 26.

Duncan, G. y Lukes, S. (1963). "The New Democracy". En: Political Studies, Vol. XI, Nro. 2.

Durkheim, E. (1960). Montesquieu and Rousseau. University of Michigan Press.
Easton, D. y Dennis, J. (1967). "The Child's Acquisition of Regime Norms: Political Efficacy". En: American Political Science Review, vol. LXI, Nro. 1.
— (1969). Children in the Political System: Origins of Political Legitimacy. Nueva York: McGraw Hill.
Eckstein, H. L. (1966). "A Theory of Stable Democracy", apéndice B. En: Division and Cohesion in Democracy, Princeton University Press.
Exley, R. (1968). "Paternalist, Genius, Visionary, Dictator, Industrial Guru?". En: Help, Nro. 1.
Farganis, J. y Rousseas, S. W. (1963). "American Politics and the End of Ideology". En: British Journal of Sociology, Vol. 14.
Flanders, A., Pomeranz, R. y Woodward, J. (1968). Experiment in Industrial Democracy. Londres: Faber & Faber.
French, J. R. P., Israel, J. y Aas, D. (1960). "An Experiment in Participation in a Norwegian Factory". En: Human Relations, Vol. 13, Nro. 1.
Friedmann, G. (1961). The Anatomy of Work. Londres: Heinemann.
Glass, S. T. (1966). The Responsible Society. Londres: Longman.
Goldschmidt, M. L. (1966). "Democratic Theory and Contemporary Political Science". En: Western Political Quarterly, Vol. XIX, Nro. 3.
Goldthorpe, J. H., Lockwood, D., Bechhofer, F. y Platt, J. (1968). The Affluent Worker: Industrial Attitudes and Behaviour. Cambridge University Press.
Greenstein, F. I. (1965). Children and Politics. Yale University Press.
Guest, R. H. (1962). "A Controlled Experiment in Job Enlargement". En: Walker, C. R. (ed.). Modern Technology and Civilisation. Nueva York: McGraw Hill.
Hadley, R. (1965). Common Ownership in Action y Common Ownership and Management. Scott Bader & co. Ltd.
Halliday, R. J. (1968). "Some Recent Interpretations of J. S. Mill". En: Philosophy, Vol. XLIII, Nro. 163.
Hamburguer, J. (1962). "James Mill on Universal Suffrage and the Middle Class". En: Journal of Politics, Vol. 24, Nro. 1.
— (1965). Intellectuals in Politics. Yale University Press.
Hammond, T. (1955). "Yugoslav Elections: Democracy in Small Doses". En: Political Science Quarterly, Vol. LXX, Nro. 1.
Harrison, R. (1957). "The Congress of Workers' Councils, Yugoslavia", En: New Reasoner, Vol. 1, Nro. 2.
Herbst, P. G. (1962). Autonomous Group Functioning. Londres: Tavistock.

Herzberg, F., Manser, B. y Snyderman, B. (1959). The Motivation to Work. Nueva York: Wiley.

Holter, H. (1965). "Attitudes towards Employee Participation in Company Decision Making Processes". En: Human Relations, Vol. 18, Nro. 4.

Horvat, B. y Rascovic, V. (1959). "Workers' Self-government in Yugoslavia". En: Journal of Political Economy, Vol. LXVII, Nro. 2.

Hyman, H. H. (1954). "The Value Systems of Different Classes". En: Bendix, R. y Lipset, S. M. (eds.). Class, Status and Power. Londres: Routledge & Kegan Paul.

— (1959). Political Socialisation. Glencoe: Free Press.

Organización Internacional del Trabajo (1962). Workers' Management in Yugoslavia. Ginebra.

Jaques, E. (1951). The Changing Culture of a Factory. Londres: Tavistock.

— (1968). Employee Participation and Managerial Authority. Londres.

Jaros, D., Hirsch, H. y Fleron, F. J. (1968). "The Malevolent Leader: Political Socialisation in an American Sub-Culture". En: American Political science Review, Vol. LXII, Nro. 2.

Jarvie M. (1968). An Experiment in Industrial Democracy: The Rowen Engineering Co. Ltd. Universidad de Edimburgo: mimeo.

Jovanovic, Z. (1966). "Trade Unions and Workers' Management". En: Socialist Thought and Practice, Nro. 22.

Kariel, H. S. (1956). "Democracy Unlimited: Kurt Lewin's Field Theroy". En: American Journal of Sociology, Vol. LXII, Nro. 3.

Kelly, J. (1968). Is Scientific Management Possible? Londres: Faber & Faber.

Klein, J. (1965). Samples from English Culture. Londres: Routledge & Kegan Paul.

Kmetic, M. (1967). Self-management in the Enterprise. Belgrado.

Knupfer, G. (1954). "Portrait of the Underdog". En: Bendix, R. y Lipset, S. M. (eds.). Class, Status and Power. Londres: Routledge & Kegan Paul.

Kolaja, J. (1965). Workers' Councils: The Yugoslav Experience. Londres: Tavistock.

Lammers, C. J. (1967). "Power and Participation in Decision-Making in Formal Organisations". En: American Journal of Sociology, Vol. 73, Nro. 2.

Lane, R. E. (1959). Political Life. Nueva York: Free Press.

Laswell, H. D. y Kaplan, A. (1950). Power and Society. Yale University Press.

Likert, R. (1961). New Patterns of Management. Nueva York: McGraw Hill.

Lipset, S. M. (1960). Political Man. Londres: Heinemann.
Lipsitz, D. (1964). "Work Life and Political Attitudes". En: American Political Science Review, Vol. LVIII, Nro. 4.
Loucks, W. N. (1958). "Woerkers' Self-government in Yugoslav Industry". En: World Politics, Vol. XI, Nro. 1.
Lupton, T. (1963). On the Shop Floor. Oxford: Pergamon.
— (1966). Management and the Social Sciences. Londres: Hutchinson.
McFarlane, B. (1966). "Yugoslavia's Crossroads". En: Merlin Press, Socialist Register, Londres.
McGregor, D. (1960). The Human Side of Enterprise. Nueva York: McGraw Hill.
Mayo, H. B. (1960). Introduction to Democratic Theory. Oxford University Press.
Melman, S. (1958). Decision Making and Productivity. Oxford: Blackwell.
Merton, R. (1962). "Bureaucratic Structure and Personality". En: Social Theory and Social Structure. Glencoe: Free Press.
Milbrath, L. W. (1965). Political Participation. Chicago: Rand McNally.
Milivojevic, D. (1965). The Yugoslav Commune. Belgrado.
Mill, J. (1937). An Essay on Government. Cambridge University Press.
Mill, J. S. (1910). Representative Government. Everyman editor.
— (1924). Autobiography. World's Classics editor.
— (1963). Essays on Politics and Culture. Nueva York: Himmelfarb G. (ed.).
— (1965). Collected Works. University of Toronto Press: Robson, J. M. (ed.).
Mills, C. W. (1963). "The Unity of Work and Leisure". En: Horowitz, I. L. (ed.). Power, Politics and People. Oxford University Press.
Morris Jones, W. H. (1954). "In Defence of Apathy". En: Political Studies, Vol. II.
Morse, N. C. y Weiss, R. S. (1955). "The Function and Meaning of Work and the Job". En: American Sociological Review, Vol. 20, Nro. 21.
Mussen, P. H. y Wyszynski, A. B. (1952). "Personality and Political Participation". En: Human Relations, Vol. V, Nro. 1.
Neal, F. W. (1958). Titoism in Action. University of California Press.
O'Donnell, C. (1952). "The Source of Managerial Authority". En: Political Science Quarterly, Vol. 67.
Orren, K. y Peterson, P. (1967). "Presidential Assassination: A Case Study in the Dynamics of Political Socialisation". En: Journal of Politics, Vol. 29, Nro. 2.
Ostergaard, G. (1961). "Approaches to Industrial Democracy". En: Anarchy, Nro. 2.

Partridge, P. H. (1963). "Some Notes on the Concept of Power". En: Political Studies, Vol. XI.
Plamenatz, J. (1958). "Electoral Studies and Democratic Theory". En: Political Studies, Vol. VI.
— (1963). Man and Society. Londres: Longman.
Pospielovsky, D. (1968). "Dogmas under Attack: A Traveller's Report". En: Problems of Communism, Vol. XVII, Nro. 2.
Pribicevic, B. (1959). The Shop Stewards Movement and Workers' Control. Oxford: Blackwell.
Pym, D. (1968). "Individual Growth and Strategies of Trust". En: Pym, D. (ed.). Industrial Society. Penguin Books.
Rhenman, E. (1968). Industrial Democracy and Industrial Management. Londres: Tavistock.
Rice, A. K. (1958). Productivity and Social Organisation: The Ahmedabad Experiment. Londres: Tavistock.
Riddell, D. (1968). "Social Self-government: The Background of Theory and Practice in Yugoslav Socialism". En: British Journal of Sociology, Vol. XIX, Nro. 1.
Riesman, D. (1950). The Lonely Crowd. Yale University Press.
— (1964). "Leisure and Work in Post Industrial Society". En: Abundance for What? Londres: Chatto &, Londres.
Robson, J. M. (1968). The Improvement of Mankind. University of Toronto Press.
Rokkan, S. y Campbell, A. (1960). "Norway and the United States of America". En: International Social Science, "Citizen Participation in Political Life", número especial, Journal, Vol. XII, Nro. 1.
Rosenburg, M. (1954). "Determinants of Political Apathy". En: Public Opinion Quarterly, Vol. XVIII, Nro. 4.
— (1962). "Self-esteem and Concern with Public Affairs". En: Public Opinion Quarterly, Vol. XXVI, Nro. 2.
Rousseau, J. J. (1911). Emile. Everyman editor.
— (1913). A Discourse on Political Economy. Everyman editor.
— (1953). Rousseau: Political Writings. Londres: Nelson.
— (1965), The Political Writings. Oxford: Blackwell.
— (1968). The Social Contract. Londres: Penguin Books.
Rowen Factories (1967). Donors News Bulletin, Nro. 5.

Rubinstein, A. Z. (1968). "Reforms, Non-alignment and Pluralism". En: Problems of Communism, Vol. XVII, Nro. 2.

Russell, B. (1938). Power. Londres: George Allen & Unwin.

Sartori, G. (1962). Democratic Theory. Detroit: Wayne State University Press.

Sawtell, R. (1968). Sharing our Industrial Future? Londres: The Industrial Society.

Schumpeter, J. A. (1943). Capitalism, Socialism and Democracy. Londres: Geo. Allen & Unwin.

Scott Bader (1961). Scott Bader & Co. Ltd.

Seliger, M. (1968). The Liberal Politics of John Locke. Londres: Geo. Allen & Unwin.

Shklar, J. (1964). "Rousseau's Images of Authority". En: American Political Science Review, Vol. LVIII, Nro. 4.

Singleton, F. y Topham, T. (1963a). Workers' Control in Yugoslavia. Fabian Research Series, 233. Londres: Fabian Society.

— (1963b). "Yugoslav Workers' Control: The Latest Phase". En: New Left Review, Nro. 18.

Smith, A. (1880). An Inquiry into the Nature and Causes of the Wealth of Nations. Oxford: Clarendon Press.

Stephen, F. H. (1967). Management Structure and Industrial Relations in a Yugoslav Shipyard. Universidad de Glasgow. Mimeo.

Stephens, L. (1962). "A Case for Job Enlargement". En: New Society, 11 de octubre.

Sturmthal, A. (1964). Workers' Councils. Harvard University Press.

Sugarman, B. (1968). "The Phoenix Unit: Alliance against Illness". En: New Society, 6 de junio.

Talmon, J. L. (1952). The Origins of Totalitarian Democracy. Londres: Secker & Warburg.

Tannenbaum, A. S. (1957). "Personality Change as a Result of an Experimental Change of Environmental Conditions". En: Journal of Abnormal and Social Psychology, Vol. 55.

Taylor, C. (1967). "Neutrality in Political Science". En: Laslett, P. y Runciman, W. G. (eds.). Philosophy, Politics and Society. Oxford: Blackwell.

Tochitch, D. (1964). "Some Aspects of Workers' Management". En: Review, Nro. 4.

Trist, E. L. y Bamforth, K. W. (1951). "Some Social and Psychological Consequences of the Longwall Method of Coal-getting". En: Human Relations, vol. IV, Nro. 1.

Trist, E. J. y Emery, F. E. (1962). "Socio-technical Systems". En: Walker, C. R. (ed.). Modern Technology and Civilisation. Nueva York: McGraw Hill.

Trist, E. L., Higgin, G. W., Murray, H. y Pollock, A. B. (1963). Organisational Choice. Londres: Tavistock.

Turner, H. A. (1963). The Trend of Strikes. Leeds University Press.

Verba, S. (1961). Small Groups and Political Behaviour. Princeton University Press.

Walker, C. R. (ed.) (1962). Modern Technology and Civilisation. Nueva York: McGraw Hill.

Walker, C. R. y Guest, R. H. (1952). The Man on the Assembly Line. Harvard University Press.

Walker, J. L. (1966). "A Critique of the Elitist Theory of Democracy". En: American Political Science Review, Vol. LX, Nro. 2.

Ward, B. (1957). "Workers' Management in Yugoslavia". En: Journal of Political Economy, Vol. LXV, Nro. 5.

— (1965). "The Nationalised Firm in Yugoslavia". En: American Economic Review, Vol. LV, Nro. 2.

Webb, J. (1962). "The Sociology of a School". En: British Journal of Sociology, Vol. XIII.

White, R. y Lippitt, R. (1960). "Leader Behaviour and Member Behaviour in Three Social Climates". En: Cartwright, D. y Zander, A. (eds). Group Dynamics. Londres: Tavistock.

Wolin, S. (1961). Politics and Vision. Londres: Geo. Allen & Unwin.

Woodward, J. (1958). Management and Technology. Imprenta de Su Majestad Británica.

Woodward, J. L. y Roper, E. (1950). "Political Activity of American Citizens". En: American Political Science Review, Vol. XLIV, Nro. 4.

Wright, R. (1961). "The Gang System in Coventry". Anarchy, Nro. 2.

Young, S. (1963). "The Question of Managerial Prerogatives". En: Industrial and Labour Relations Review, Vol. 16, Nro. 2.

Zweig, F. (1961). The Worker in an Affluent Society. Londres: Heinemann.

Made in the USA
Monee, IL
11 November 2026

68341118R00108